專業審訂 張倖慈老師(小張老師) 兒童治療師

這樣對話，提升孩子10倍詞彙量

金知昊 著
林盈楹 譯

어휘력 10배 올리는 하루 10분 대화놀이

每天10分鐘引導式對話，
培養孩子的語言力及表達力，
自信心、學習力大躍進！

2~7歲的親子對話遊戲

創造對話的連結，感受成長的喜悅

孩子：「媽媽，汪汪在汪汪叫。」

媽媽：「好可愛！汪汪身上的毛看起來毛茸茸的！你摸看看，好像毛線喔！」

這是親子之間的日常對話，看起來好像沒有什麼特別的地方，但是深入了解內容，會發現媽媽正在引導孩子的語言能力。

對話中，媽媽接住了孩子的話，讓對話延續，並且讓內容和結構變得更加完整。媽媽提到自己的感受（好可愛），接著描述特徵（身上的毛看起來毛茸茸的），並透過比喻（小狗的毛像毛線）將兩件事情做連結，孩子因此學習到全新的詞彙和語法。

「對話」對於培養孩子的語言能力有非常深遠的影響，很多大人也清楚這一點，然而在實際生活中，卻經常因為各種原因，錯失與孩子「好好對話」的機會。

身為一名語言治療師，我在臨床上有很多機會觀察孩子和父母的對話。每位父母都希望能在孩子需要時，給予幫助與支持。有些能自然的引導孩子說話，有些卻毫無概念，不知道該從何做起。我一邊持續關注這樣的情況，一邊構思有利於孩子語言發展的對話方法並提供給父母，於是編寫了本書。

二〇一八年國際心理科學協會出版的學術期刊《心理科學》中，刊登了一篇有趣的論文*。論文提到，經常和父母對話的孩子，不僅語言能力出色，

* Rachel R. Romeo 等人，《超越三千萬字差距：兒童對話環境與語言相關腦功能的聯繫》，發表於《心理科學》第二十九卷第五期，頁碼 700-710。文章首次於二〇一八年二月十四日在線發表；期刊發表於二〇一八年五月一日。

學業成績通常也比較好。這打破了大家的成見，因為比起不常對話的富裕家庭孩子，經常對話的一般家庭孩子表現更好，更發現孩子的語言表達及學習成績與父母的收入或教育水平無關。

根據這項研究，現今仍有不少父母抱持著「我的孩子因為家庭條件不好，所以學習落後」的擔憂，但這是沒有科學根據的，真正影響孩子表現的關鍵因素是「對話」。

孩子對世界充滿好奇，他們隨時準備向父母提問，與父母對話、分享。因此，您可以告訴孩子今天工作中發生的事情，今天的所見所感。當孩子搭話回應時，可以對孩子說「真的呀？」表現出強烈的興趣，並好好聆聽他所表達的內容。

當您呼喚孩子的那一刻，對話就開始了。請參考本書內容，每天專注的與孩子對話至少十分鐘，您將會感受到，孩子的語言能力與日俱增。

透過與大人「有連結的對話」可以培養出能言善道、聰明自信的孩子，
願所有人都能夠享受與孩子對話的快樂，以及親子一同成長的喜悅。

金知昊

本書架構和運用方式

第一章是「準備階段」，包含與孩子對話之前，父母需要了解的重點。

首先藉由「檢視清單」，思考自己屬於哪種對話類型，並確認自己與孩子的對話方式，是否有助於孩子的語言發展。

接著透過幼兒的對話特性，認識孩子語言發展的變化，以及父母在與孩子對話時，應該抱持的心態。

第二章和第三章則是「實做階段」，提供父母能實踐在日常生活中的「對話遊戲」，以及幫助孩子語言發展的各種方法。

先了解與孩子對話時應抱持的態度，以及臉部表情等非語言要素，再活用促進孩子語言表達的技巧。這個階段還會介紹利用對話，幫助孩子理解句子結構、認知及語用的方法，以及透過遊戲引導孩子展開對話的訣竅等。

這些方法整合了我在臨床實踐中所使用的技巧和經驗，建議家長們根據孩子的年齡和發育階段適當運用。

目次

第1章

準備篇

準備好開始和孩子對話了嗎？

目次

目次

目次

第3章

實做對話篇

透過各式各樣的活動增加詞彙量

目次

◆◆◆ 目次 ◆◆◆

0至1歲

準備說話的時期

○ 孩子出生約二至三個月後，會開始發出「啊啊」、「呃嗚」等聲音。這些聲音會越來越豐富，出現「噗」、「喀」、「噠噠」等各式各樣的子音，並能夠銜接得越來越長，變得像句子一樣。約十二個月大的時候，他們開始理解一些單詞，並跟著重複。只不過，這時期他們還無法自己說出字詞，主要通過無意義的發音或哭聲，或是肢體語言來進行表達。在這個階段，孩子大部分時間都躺著，所以建議大人對孩子說話，讓孩子自由的做出回應，並且透過孩子的反應增加對話的豐富性。

● **對話重點**：表情和動作。請專注的與孩子對視，藉由誇張的表情和動作來引導孩子。運用發音簡單及常用的單詞，例如：媽媽、爸爸、眼睛、鼻子、嘴巴、耳朵、手、腳、飯、水、牛奶、杯子、衣服、襪子、帽子、小狗、貓咪等，建議常對孩子說，讓孩子多聽，再引導他們模仿。

1至2歲

表達單詞並熟悉語句的時期

○ 在這個時期，孩子可以學習並作出與家人、動物、水果、日常事物，以及動作有關的表達。用一、兩個單詞，組織出不完整的句子。這個階段的對話是簡短且單向的。當孩子用單詞向大人提出請求的時候，大人可以傾聽，也可以告訴孩子新的單詞，並鼓勵孩子「仿說」。

● **對話重點：**由於孩子已經移動自如了，大人可以透過轉換地點，把不同地點各式各樣事物的名稱說給孩子聽，或是在遊戲中，說出與動作和形狀有關的詞彙，讓孩子直接看到、摸到、聽到，同時接觸相關的單詞或句子。

2至3歲

展開對話的時期

○隨著詞彙量的增加，以及對句子理解力的提升，孩子漸漸開始能聽懂大人的話，也可以連接三至四個單詞來說出句子，還可以提出簡單的問題。「提問」是對話的起點，當孩子詢問「這是什麼？」，大人就能以說明展開對話。

●**對話重點**：由於孩子的運動能力正在提高，建議大人可以陪孩子一起去遊樂場，一邊體驗各式各樣的活動，同時一邊進行對話。對話的時候，要讓孩子聽完全部的句子，並多向孩子提出簡單的問題（「是誰」、「在哪裡」等），同時進一步告訴他們更難的單詞（事物的細部名稱、形容詞、副詞等）。

3至4歲

從說話中體會到樂趣的時期

○這個年齡層的孩子能夠說出更長的句子，使用結構更齊全的文法，還能夠運用複合句型。他們也漸漸掌握了時間的概念，開始使用恰當的時態。面對比較困難的問題，像是「為什麼」、「怎麼樣」等等，也可以回答得很好。漸漸的，不需要大人先開口，孩子就會主動提問或搭話。隨著孩子問的問題越來越多、越複雜，大人的言語應對也變得越重要。

● **對話重點：**透過對話傳達抽象性的詞語（思想、情感等）及比喻的表達方式讓孩子了解。除此之外，也建議透過讓孩子閱讀書籍、聽故事、旅遊踏青等活動，與他們就某一主題深入討論，提供他們說得更多、更長的機會。

4至5歲

說話變流暢的時期

○在此之前，孩子的發音咬字多少會不太標準，到了這個時期，大部分的單詞孩子都能正確發音了。他們可以說出長而複雜的句子，所以講起話來有時感覺像大人，除了能重新架構和講述自己的經驗以及聽來的故事，他們也開始創造自己的故事。

到了這個階段，對話的主導權便交到孩子手上。孩子的時間很多，想說的話也很多，他們會談論周遭發生的事情，並加入自己的看法，此時大人在對話中的角色，常常轉變為傾聽者。

● **對話重點**：請仔細聆聽孩子說的話，並給予回應。有時他們想說的事情太多，主題可能會跳躍，一下說這件事情，一下說那件事情，當孩子說的內容變得零散時，建議適時引導，使講述不過於偏離主題。

分齡對話技巧

5至6歲

邏輯思考能力發達的時期

○這個時期的孩子會學習透過語言進行邏輯思考。聽完說明後，他們能夠掌握事物的特徵，理解其中的因果關係；也開始逐步認識肉眼看不見的道理與法則，因此能夠預測將來會發生什麼，並解釋其根據。

●**對話重點：**透過提問，幫助孩子發展邏輯思維。可以問問孩子事情為什麼會那樣、未來又會如何發展，是否還會出現其他情況等等，和孩子一起分享和討論。

6至7歲

能理解不同立場及狀況的時期

○這個時期的孩子可以理解並運用許多抽象及象徵性的概念，像譬喻表達、諺語、常用慣用語等。舉例來說，他們可以用自己的方式來解釋「愛」，也能理解「不可以」這句話的意義。

●**對話重點：**建議通過對話，讓孩子了解彼此的立場，並讓他們知道，一件事情有不同的面向，可以從各種角度去看待。

第1章

【準備篇】

準備好開始和孩子對話了嗎？

了解自己的對話類型

★您是一個什麼樣的對話夥伴？★

首先，讓我們一起閱讀左頁的清單，若有相符的選項請在方格中打勾。

勾選選項一至三，您是積極與孩子對話的類型。

如果勾選選項四至八，您協助孩子理解詞彙與句子的態度較為消極，很可能會抑制孩子的表達能力。

如果勾選選項九至十，您的命令式語言控制，可能會對孩子的語言發展產生負面影響（詳細內容請參考第二一二頁）。

若您勾選了四至十的選項，請記住：

我的對話類型檢視清單

□ 1. 我曾經詢問過孩子的心情。（例如：「所以你很生氣嗎？」）

□ 2. 我認為和孩子對話是我的義務和責任。
（例如：「萬一我造成孩子語言發展遲緩，那該怎麼辦？」）

□ 3. 孩子問了一個問題，我會給出十個答案。
（例如：「這個是因為這樣，所以……而那個則是因為那樣，所以……」）

□ 4. 我曾經因為孩子問「為什麼？」而發脾氣。（例如：「不要問為什麼！」）

□ 5. 我曾經在孩子講錯的時候，直接給予指正。
（例如：「什麼老杯杯？再講一次：老！伯！伯！」）

□ 6. 小孩話很多，有時會讓我覺得很煩躁。（例如：「可以給我安靜一點嗎？」）

□ 7. 我曾經在孩子講話結結巴巴的時候，嚴厲要求孩子把話講清楚。
（例如：「為什麼講話結結巴巴的？把話講清楚，快點。」）

□ 8. 我認為孩子會自然而然學會講話，父母不需要特別做些什麼。

□ 9. 我曾經以行動代替言語來懲罰孩子。
（例如：直接沒收孩子正在玩的玩具，而不是對孩子說「停下來。」）

□ 10. 我曾經和孩子談條件，試圖藉此控制孩子的行為。
（例如：「如果不吃飯，我就不給你玩具。」）

- **大人與孩子的對話，對孩子的語言發展影響重大。**
- **對話的目的不是改正孩子的錯誤。**
- **對話是一來一往的過程。**
- **孩子會透過對話來熟悉詞彙、語法和語句的運用等重要技能。**

孩子的說話能力會隨著成長提升，大人與孩子的對話也是一樣，只要願意付出努力，就一定會有良好的發展。請閱讀本書內容，透過思考與實際行動，與孩子展開輕鬆又有趣的對話，一起培養孩子的語言表達力。

孩子時時刻刻都想和大人對話，當雙方都有對話的意願，對話就會是愉快且有趣的，只需再加入一點技巧，這個目標便可以實現。

★信任與漠不關心之間★

對話需要專注力

- 「我很擔心我的孩子會比其他同齡孩子晚說話，聽說他的表哥表姐也都是很晚才開口說話，這讓我更焦急了。」（職場媽媽，35歲）
- 「等時候到了，孩子自然就會說話了，不是嗎？我認為沒有必要現在就去擔心孩子太晚開口說話，要相信孩子。」（創業媽媽，37歲）

我在接受孩子的語言發展諮詢時，遇到形形色色的家長，有些爸爸因為工作太忙，總是擔心自己疏忽了孩子；有些媽媽是家庭主婦，卻因為不知道如何正確引導，而擔心孩子落後於其他小孩；也有家長相信父母的角色固然重要，但只要讓所有的事情都順其自然發展，孩子的語言能力就會慢慢提升。

曾經有一位重視內在需求的媽媽提到，唯有自己開心，孩子才會開心。所以一到假日，她就會把小孩託付給別人，給自己獨處的時間。一位希望孩子能夠自由成長的爸爸認為，如果要讓孩子獨立自主，父母不能介入太多，大人干涉得越多，孩子成長得越慢，所以不論要做什麼，他都讓孩子自己決定，自行判斷。

這些父母當中，哪些人的做法有助於孩子的語言發展呢？好消息是，孩子的語言發展並不會因為父母的養育態度而產生差異。換句話說，如同父母就算不花心思在孩子身上，孩子也會自己長大一樣，語言就算放任不管，也依然會發展。如果沒有特殊情況，比如先天性的身體或認知障礙、年紀尚小就過度曝光在媒體之下、遭受虐待，或是被完全阻斷外界語言刺激等，孩子的語言能力都會發展到基本水準。父母的養育態度，主要在語言發展後期產生影響，也就是孩子「發展溝通能力」以及「借助語言學習」的時期。

既然如此，父母該抱持什麼樣的態度，協助孩子發展溝通能力及學習能力呢？祕訣就藏在「對話」裡。父母是大人的代表，孩子會通過與父母的對話來學習各式各樣的語言知識和技能。舉例來說：

俊賢的媽媽下班後去幼兒園接孩子，回家的路上，媽媽主動向孩子搭話。

媽媽：「今天在幼兒園做了什麼呀？」
孩子：「去了花園。」
媽媽：「去做體驗式學習嗎？做園藝嗎？」
孩子：「小燦的手沾到泥土了。」
媽媽：「週末我們跟爸爸一起去大自然博覽會吧！那裡也有花園，好嗎？」
孩子：「嗯。」

媽媽好奇孩子今天過得怎麼樣，孩子也想跟媽媽說今天在幼兒園發生的事，兩個人雖然在對話，卻不太自然。為什麼會這樣呢？剛開始，俊賢嘰嘰喳喳說個不停，但媽媽卻聽不進去，腦袋被公司裡發生的事、回家後要做的事，以及明天的行程等塞得滿滿的。無法專心傾聽，因而感到很抱歉的她，便想著週末要多花一點時間和孩子相處。

這種情況下，對話會朝單調無聊的方向發展。大人一心想著「必須為孩子做些什麼」，而不是關心什麼才是孩子真正想要的，這種父母單方面傳達給孩子的心態很常見。

除此之外，因為低估孩子的能力，在對話時不停的進行測試，或是過度介入，也會減少孩子透過語言表達自我的機會。

讓我們來看一下世妍媽媽的情況吧，今天是星期天，世妍和媽媽一起待在客廳，媽媽正在看電視，世妍正在找東西玩。

孩子：「媽媽幫我做那個。」

媽媽：「積木嗎？」

孩子：「嗯，農場積木。」

媽媽：「你自己做做看嘛！」

孩子：「一起做。」

媽媽：「媽媽現在不太方便耶！電視劇演完之前，你先自己玩一下。你自己一個人也可以做出來的，對不對？」

很可惜，媽媽沒能和孩子一邊玩遊戲，一邊進行對話。

世妍很想和媽媽一起玩積木遊戲，因為在玩遊戲的過程中，她可以告訴媽媽自己的想法和感受，也可以讓自己的能力獲得肯定。經常和很少經歷這樣情況的兩種孩子相比，溝通表達能力會有很大的差異。

同樣的，相信孩子會自己看著辦的大人，與孩子對話的內容當然也是單調無聊的。孩子表達了自己的立場和想要的東西，大人的回答卻沒有真正回應。良好對話的必備條件，並不是「抱歉的心」，而是此時此刻聆聽孩子說話的「專注力」。雖然相信孩子自己就能做好也很重要，但是當孩子向父母伸手求助的時候，父母必須做好充分準備，即時貼近孩子並回應他們。

★利用父母不同的對話特性★

爸爸與媽媽的對話方式大不同

當一個三歲孩子哭鬧的喊著「媽媽」的時候，媽媽通常會說：「哎呀，我們小燦肚子餓了呀？餓得臉頰都凹下去了，和媽媽一起吃飯吧！」

同樣的情況，爸爸可能會說：「肚子餓了嗎？去找媽媽，跟媽媽說你要吃飯飯。」

當一個四歲的孩子走在路上摔倒了，媽媽會這麼說：

「糟了糟了！膝蓋都受傷了。唉唷，好痛對吧？」

爸爸則會這麼說：

「真是的，被石頭絆倒了啊？那我們回家擦藥吧！」

有感受到差別嗎？媽媽會同理孩子的感受，並透過言語表達給孩子聽。爸爸則會說明原因，並提供解決方法。如果想幫助孩子發展語言能力，建議將兩者結合起來，同理孩子的心情之後，告訴他原因，並提供解決方法，這樣，孩子便能學到更多東西。例如：

「被石頭絆倒了啊！好痛對吧？我們回家擦藥吧！」

一般來說，「同理」的語言詞彙豐富，句子也較長，有很多值得孩子學習的地方。相反的，「指示」的語言簡短簡單，雖然孩子容易理解，卻是單方面的輸出。因此，同理的語言更能幫助孩子發展語言。

只不過，萬一當下的情況並沒有充分的交流時間，例如孩子有危險，或是做出錯誤行為，則用簡短、簡單的話語即時作出指示會更恰當。比起向孩子說明「那個用手抓會燙傷，下次不可以那樣。」，明確的表達「小心，很燙！」，孩子才不會受傷。

讓我們再換個情況看看。

媽媽和孩子玩積木，正照著說明書的指示做動物農場。

媽媽說：「這個放旁邊，然後把那個長長的疊上去吧。（孩子堆好積木後）很棒，哇，我們小燦做得真棒。」

告訴孩子步驟，在孩子執行後給予稱讚，可以讓孩子一邊聽媽媽說話，一邊將「旁邊」、「長長的」、「疊上去」等用詞與動作連結，並熟悉這些表達詞彙。孩子可以更明確的理解並掌握原本就知道的用詞，也可以將這些原本不知道的全新表達，加入詞彙資料庫中。

相同的情況，爸爸在用積木做出動物農場後，可能會說：

「老虎出現了！吼！我要把你吃掉。」

爸爸通常會演出戲劇性的情境，促進並等待孩子的反應，孩子可能會說出「不要，走開！」或是「老虎沒有出現，這裡沒有老虎。」及「快逃啊！」這樣的回答。

媽媽會說出相關的單詞來幫助孩子理解語言，爸爸則會演出突發狀況，來引導孩子的語言表達。在對話遊戲中，建議將這兩種方式組合起來運用，均衡的發展「接收性語言」（語言理解）和「表達性語言」（語言表達）的能力。

父母也可以試著在玩扮家家酒的時候，上演家裡突然遭小偷的情境，或者在堆高塔的時候，假裝發生地震，導致高塔倒塌。這樣的情境轉換，會引發孩子的興趣，將遊戲持續下去，父母也可以利用這個機會，說出更多的新單詞給孩子聽，並引導他們練習表達。

一般來說，女性在對話時更重視傾聽和同理，男性則傾向於解決問題及導向目標。當然也有很多人並非如此，但就整體而言，朝那樣的特性分工去思考，能夠把父母各自的優勢用在與孩子的對話中。因此，請媽媽和爸爸觀察自己的對話方式，善用彼此的優點，找出有助於孩子語言發展的方式後加以活用。

孩子的語言發展過程

★幼兒時期的語言，豐富多彩★

「如何和孩子好好對話？」

由於孩子各方面表現都還很生澀，所以許多大人都會有這樣的想法。其實，我們一直都在和孩子對話。孩子很小時一發出聲音，大人就會拍手歡呼；孩子咿咿呀呀時，大人會給予回應，這些都是對話。提高音量引導孩子說出「媽媽」、「爸爸」，孩子開口，就誇獎「真棒！」，也都是在與孩子對話。

等孩子長大到能用單詞表達自己的想法時，他們會更積極的對話。父母可以多和孩子四處走走，告訴孩子各種事物的名稱，透過示範引導孩子說話，幫助孩子逐漸熟悉單詞及句子，或是向孩子解釋新的單詞，透過提問來引導孩子表達，這些嘗試都能帶來非常棒的互動時光。

孩子的對話形式隨著發育階段改變，讓我們一起來看看有哪些改變。

◆一歲左右：開口說出第一個單詞

平均來說，出生十二個月左右，孩子會開口說出第一個單詞。在此之前，最多可能就只有「啊啊」、「嘎嘎」等咿呀作語，在表達自己的意願時，會使用哭鬧、不睡覺等行動。這個時期的對話，多會停留在大人單方面說話，而孩子對大人的表情、動作、聲音作出反應的階段。在大人說的話之中，孩子能夠理解，並做出最大反應的有「媽媽、爸爸」這樣的家人稱謂，「不要、不可以」等否定表達，以及「飯飯」等詞語。孩子不能說出這些單詞，不代表他們不理解。

這個時期的對話，會用以下的方式進行。

孩子：「ㄆㄨ ㄆㄨ。」

爸爸（看著孩子的眼睛，提高音量）**：**「妳說爸爸嗎？妳剛才叫爸爸了嗎？我們小月好棒。再說一次看看，爸——爸，爸——爸。」

孩子：「ㄇㄚ·ㄇㄚ。」

媽媽：「妳在叫媽媽嗎？媽媽？媽——媽。」

◆二至三歲：詞彙增加，聽懂句子

孩子會在周歲前後開口說出第一個單詞，二至三歲時，會開始將單詞拼拼湊湊，組合出簡短的句子來對話。除了更好的認知，他們也能夠回想當下看不見的事物，思考過去的事件及以後要發生的事情，並用簡單的句子表達出來。這個時期的對話，主要以大人引導孩子的方式進行。

爸爸：「小燦，你看螞蟻，螞蟻爬過去了。跟著爸爸說說看，螞——蟻。」

孩子：「螞蟻。」

爸爸：「好棒！我們小燦真聰明。那你再說說看小花，小——花。」

孩子：「小花。」

◆三至四歲：理解語句，並開始表達

三至四歲的孩子，專注力會變得發達，對語句的理解能力也會提高，能表達的詞彙越來越多，因此也可以說出一些較難的單詞。自己一個人的時候，可能會像在跟別人對話似的自言自語，在描述自己的事情時，則會表現得像在說別人的事情一樣。例如一邊玩著小汽車，一邊說「小燦，坐車子出發囉！」

這個時期，孩子的語言都是以自我為中心的，所有行為、事件的中心都是「我」。因此他們不善於理解對方的立場，也不善於站在對方的角度看待事情。

例如：

孩子：「媽媽，買那個給我。」

媽媽：「不可以，我們下次再買吧。」

孩子：「我不要！買那個給我。」

媽媽：「今天不可以買。」

孩子：「為什麼不行？小月都有買。」

媽媽：「好啦，媽媽下次買給你。」

孩子：「下次是什麼時候？」

◆五至六歲：抽象性・邏輯性思維發達

在這個時期，孩子能夠理解抽象性與概念性的單詞，以及比喻和間接的表達。他們越來越熟悉母語的語法，能恰當的活用主詞和句型、理解事件的前因後果、預測未來，並且能夠區分、揣測自己和他人的想法。到了這個時期，交流對話才正式展開。

孩子：「我要做這個。」

爸爸：「如果現在做這個，等一下就沒有時間讀書了喔！」

孩子：「還是先做這個吧。」

爸爸：「妳覺得爸爸喜歡妳這樣嗎？」

孩子：「對不起嘛！今天先做這個，書等到明天再讀。」

從哺乳期開始到五至六歲為止，孩子的語言、認知、身體機能迅速發展，對話方式也能產生豐富變化，語言上的刺激及反應對孩子這個階段的發展非常重要。大人在和孩子對話時，要注意孩子發展的程度，抱著過高的期待或「孩子根本什麼都不懂」的心態，毫無誠意的進行對話，都沒有正面意義，大人需要配合孩子的語言發展程度進行對話。

★偏見不利於對話★

幫助孩子發展語言，父母需要具備的心態

「很想和孩子愉快的對話，但為什麼就是做不到呢？」

有些父母會有這樣的疑問，原因是大人在對話的時候抱持著自己的習慣和偏見。其實幫助發展語言的對話方法並不難，只是需要付出努力。

首先，大人必須打破對孩子的偏見。讓我們一起看看以下內容，從現在開始改變吧！

◆孩子是獨立的個體

孩子尚未發育成熟，身體嬌小，思想和行為也都還是以自我為中心，也許就是因為這樣，比起和孩子對話，大人更想給予孩子指導或控制，不知不覺產生了「孩子＝需要改正的東西」的想法，只看到孩子令自己不滿意的地方。再加上把孩子視為需要保護的對象，所以會不停擔心，萬一孩子出錯了怎麼辦。抱著這樣的心態和孩子相處，很快就會感到疲憊，更不可能好好的進行完整的對話。

其實，大人也不是十全十美的，也會有生澀、任性、不成熟的時候，也會犯錯，也會後悔，就算到了三、四十歲，失誤仍是家常便飯。說穿了，大人不過就是「長高的孩子」。世界上沒有完美的人，我們也不需要追求完美，若能這麼想，與孩子相處時，就能變得更加寬容。

所以請帶著「你和我沒有不同，我們都是獨立的個體」的心態和孩子對話，大人與孩子的關係，不過就是一個人與另一個人的相遇，一旦這樣思考，心情便會輕鬆許多，對話的內容也會變得不一樣。

◆比起跟孩子說話，更要「聽」孩子說話

請先放下「我應該要多說話，才能讓孩子學習如何說話」的想法，相反的，請多聆聽孩子說話，好好的把孩子的話聽完，自然會出現回應的機會。一天一次單方面說自己事情的對話，和一天十次互相交流的對話，哪一種才是有助於孩子語言發展的對話方式呢？

因此，孩子說話的時候，請好好聆聽。即使有令人不滿意或說錯的地方，也請先耐心的等孩子說完，之後如果有需要，再適時的給予指正，從容不迫的態度是和孩子對話的關鍵之一。

◆全心全意、專注的聆聽孩子說話

日常生活中，我們很常在清理餐桌或換襪子的時候，進行含糊、應付式的對話。請試著停止那樣的對話，試著蹲下來，看著孩子，專注傾聽他們說話。

這個舉動在傳遞一種「我已經完全準備好要聽你說話了」的信號，大人如果不專注傾

聽，就會讓孩子感覺「我的話一點都不重要」。

對於孩子來說，對話時必須讓他們感受到自己是被認可的，當孩子從大人那裡接收到這樣的信號，往往會興奮的開口說話，並總是期待著這樣的時光。

◆無條件的與孩子對話

與孩子對話時，請放下「應該要教導孩子這個」、「要把我的孩子教得很聰明」的想法，而是帶著「一定要和孩子度過愉快的聊天時光」、「一定要把我的心意傳達給孩子」、「要跟孩子分享我所擁有的知識及經驗（分享而非教導）」的決心。這樣一來，對話就會自然而然變得輕鬆豐富，孩子也能從對話中學習到許多東西。良好的對話，過程中必須落實這一點。

為了幫助孩子發展語言，父母需要抱持的決心：

- 將孩子視為平等的對話對象
- 多多傾聽孩子的話
- 專注聆聽孩子講話
- 無條件的與孩子對話

大人參與對話的態度，會影響對話的內容。因為想法會透過表情、語氣和動作呈現出來，而孩子非常善於捕捉這類信號。當孩子感覺到自己受到尊重，對方正在好好聆聽自己的話時，才會願意表達。如果大人因為對話不如預期，而心情煩躁想草草結束，或忍不住開始催促孩子，請回想前面提到的四個決心，調整好與孩子對話的心態。

第2章

【基礎對話篇】

理解孩子的內心，並延續對話

TALK PLAY 01

★可以獲得三大連結★

對話的好處

對話的好處很多，特別是和孩子對話，不但可以幫助孩子發展語言、增加詞彙量，更是父母見證孩子成長，感受喜悅的珍貴機會。

日常生活中，我們會透過各種方式與不同的人進行「對話」交流。其中有些對話具有明確目的，像是指派業務，或是談判、協商；有些則以對話本身為目的，例如和朋友彼此問候、關心，和家人分享各自的一天，後者大部分是比較「隨性」進行的。

有些人認為，對話時只要說「必要的話」就好，除此之外的對話都沒有意義。然而，世界上並不存在毫無意義的對話，因為不管是什麼樣的對話，進行前後的效果絕對是不一樣的，透過日常的對話會產生以下三種連結效應。

資訊交流

藉由對話來交換資訊，我們可以告訴對方誰做了什麼、為什麼那麼做、如何做的、什麼時候發生了什麼事情等，而聆聽對方說話時，我們也會得到新的資訊。

情緒連結

對話換取的資訊當中，還包括了想法和感受。談論事情時，我們會加入自己的意見，並透過語調和表情來傳達。當然，我們也可以直接說出自己的想法，以便對方也坦露心情，傳達心意、這樣透過互相認同來同理彼此、交流情感。我的情緒被某個人承接著，同時我也承接住某個人的情緒，這種經驗能使彼此的連結感得到強化。

自我回饋

透過與他人對話，我們往往會重新思考自己的觀點，或是在彼此之間尋求平衡。此時的對話就像是一面鏡子，透過對方的反應，能讓我們更客觀的認識自己。以上三種連結效應，對於引導孩子發展語言非常有幫助，接下來將介紹具體的實踐方法。

◆利用「資訊交流」來發展語言

為了傳遞資訊，對話通常會由大人主動向孩子說明的方式進行，大人可以透過「提示」的方式，讓孩子接觸並學習新的單詞或表達語句，例如：

- （手指著牛奶）：「小俊，這是牛奶，說說看，牛——奶。」

- （走在路上）：「小美快看，那是蝴蝶，是鳳蝶耶！」
- （打招呼的時候）：「小燦，有沒有跟阿公說再見？」

◆利用「情緒連結」的形成來發展語言

情緒連結的形成是透過大人對孩子當下狀態的推測，並以適切的方式表達出來，讓孩子感受到被理解與接納。

爸爸（看見孩子皺著臉）：「小燦不想吃飯嗎？」

孩子（點點頭）

爸爸：「不想吃飯啊？不、想、吃、飯？」

孩子：「不想吃飯。」

爸爸：「好，爸爸知道了，那我們就先不吃了喔。」（收拾餐具。）

也可以透過接收孩子的話（接受性對話），並利用鼓勵、稱讚來引導孩子表達，這時表情、動作、眼神、語調等非語言要素非常重要。

孩子（騎著腳踏車）：「媽媽，抓著。」

媽媽：「知道了！來，媽媽抓好了，往前騎吧！」

孩子（踩下踏板）

媽媽（看著孩子露出驚訝的表情）：「哇，真棒！小燦好會騎腳踏車喔！」

◆利用「自我回饋」來發展語言

在與孩子的對話中，「回饋」指的是對孩子的話作出反應，此時必須只對正確的表達作出反應，而不對錯誤的表達作出反應，這樣便能夠引導孩子朝向更正確的方式表達。

孩子（一邊亂丟湯匙，一邊說）：「不要！」

爸爸（把湯匙擺回原位，冷靜的說）**：**「我、不、要、吃、飯。」

孩子：「我不要吃飯！」

爸爸：「小燦不要吃飯啊？好吧，那我們不吃了。」（收拾餐具。）

像這樣告訴孩子正確的表達方式，孩子就會知道，下次不需要亂丟湯匙，只要說「我不要吃飯」就可以了。孩子會透過大人的反應，了解到什麼才是自己適合的表達，大人也可以用適當的說法調整孩子的說話內容。

孩子：「島虎嗷嗚。」

媽媽（指著老虎）**：**「對呀，老虎嗷嗚。」

孩子：「牛奶杯子裡面喝。」

媽媽（把牛奶倒進杯子）**：**「好啊，我們把牛奶倒到杯子裡面喝。」

孩子：「爸爸，穿手套。」

爸爸（戴上手套）：「對啊，我們小月也把手套戴起來吧！」

資訊交流（告知）↓形成情緒連結（反應）↓回饋（修正），這三個要素是與孩子進行對話遊戲時的重要基本架構。

TALK PLAY 02

★在對話的過程中發送信號★

使對話變得更自然的信號

很難與孩子展開對話嗎？對話總是很難接續下去嗎？因為孩子的種種突發行為而無法專注的對話嗎？這些時候，建議運用對話過程中的信號。

日常生活中的對話，都是怎麼開始的呢？讓我們一起來看看。

- 「小燦啊，過來這裡。」
- 「小美，妳在幹嘛？」
- 「媽媽，這個。」
- 「爸爸，這裡。」

如範例所示，對話總是從叫對方的名字或稱謂開始。這是為了吸引對方的注意，也是在發出請對方聆聽自己說話的信號。如果被呼喚的人沒有回應，就會被視為沒有對話的意願。因此，當孩子呼喚你的時候，請帶著親切、關愛的表情看著他。否則，孩子可能會因為失望而閉上嘴巴，或者為了要大人聽自己說話，而試著妨礙大人。

以「呼喚名字↓回答」開始的對話，會以「輪流發言（turn taking）」的方式進行，對方說話的時候，另一方先聆聽，輪到另一方說話時，則換對方聆聽。如果兩個人同時說話，對話很難延續下去。

那麼，什麼是「輪到自己發言」的信號呢？答案就是「停頓」。當對方說完話之後，沒有再繼續說下去。這個「停頓」的作用就和使用對講機時說的「OVER」一樣，雖然只是短短的一、兩秒鐘，也能夠被察覺到。

停頓也會用在轉換話題的時候，當某個話題結束，要開始另一個話題時，我們就會稍作停頓。

媽媽：「你和敏書玩完回來啦？」

孩子：「嗯，我們玩了沙子。」

（沉默一秒鐘）

媽媽：「衣服沾到東西了。」

孩子（看著袖子）**：「沾到顏料了。」**

那麼，結束對話的信號是什麼呢？一般我們會透過收回視線或離開位子來結束對話。

如果你發現和孩子說話時，對話常常斷斷續續，或是話題常常跳來跳去，彼此無法好好說完一件事，那麼建議運用左方表格介紹的對話信號，幫助你和孩子建立更有連貫性的互動。

當我們呼喚孩子的名字，開始進行對話時，應避免一邊走動一邊說話，而是要停留在固定的位置，與孩子面對面的進行交流。

說話的時候要遵守順序，說完了就停下來，等待孩子回應。越是注意力容易分散的孩子，越需要「開始↓進行↓結束」的明確信號，有助於提升孩子的語言理解力與專注力。

對話的過程，及過程中發送的信號

對話的開始：呼喚名字或是稱謂

▼

對話的進行：按照順序一來一往

▼

順序輪流與話題轉換：停頓

▼

對話的結束：收回視線，移動更換場所

TALK PLAY 03

★透過眼神和肢體來表達★

非語言要素的重要性

僅僅是投以關愛的眼神、做出點頭的動作，就能給孩子開口說話的勇氣。和孩子對話時，也請花心思在肢體動作、眼神、表情，還有音量的大小及語調上。

孩子對於非語言要素是很敏感的，非語言要素是指對話中，透過語言之外的方式來傳達意義，代表性的例子有肢體動作、眼神、表情、手勢、說話的氛圍、音量的大小和語調語氣等。說話的內容和非語言要素不一致時，非語言要素更能贏得孩子的信賴。

舉例來說，大人聽完孩子的話之後，費盡心思的想要灌輸孩子更多單詞，但卻不自覺露出了不耐煩的表情，這時孩子就會產生「媽媽好像覺得我很麻煩」的想法，可能就此失去了對話的意願。

與孩子對話時，需特別留意的非語言要素如下：

◆眼神不會說謊

有時候比起話語，眼神能傳達出更多訊息。每當我們試圖要對話的時候，總會先看對方的眼睛，因為僅僅透過眼神，就能揣測出對方的想法，以及他是否有對話的意願。孩子當然也一樣。充滿關愛的眼神、贊同的眼神、安穩的眼神、不滿意的眼神、試探的眼神、指責的眼神、抱歉的眼神，就是孩子認知中大人對自己的看法。

眼神的流露是無意識的，因此對話中，除了關注孩子說話，也必須好好關注自己的內心。此刻的對話是因為真心想參與，還是只出於義務。如果當下沒有對話的心情，可以向孩子說明，請求孩子諒解，有時候適時的延遲對話也是一個不錯的方法。

我們的眼睛裡蘊含著無數的話語，既然無法隱藏，不如誠實的表達出來。

◆明確的展露表情

表情包含著說話者的心情和意圖，皺著眉頭說的話和上揚著嘴角說的話是不一樣的，孩子也會感受到當中的差別。

越是年幼的孩子，越是對表情敏感，所以每次他們說完什麼或是做完什麼，都會觀察大人的表情，來判斷自己的話和行動是否被接受。另一方面，年幼的孩子還無法區分大人微妙的表情，因此他們喜歡誇張的表情。

這裡所說的「誇張表情」，指的是明確表現出接收到孩子的話：一邊拍手，一邊做出非常高興的樣子；或睜大眼睛，顯示出非常吃驚。總之就是「誇大動作反應」。對於還不熟悉話語的孩子而言，大人明確的表情是消除不確定性的最佳信號。因此，請盡量誇張的擺出開心的表情、驚訝的表情、悲傷的表情，孩子會為了看到表情而打開話匣子。跟孩子對話時，大人不妨把自己變成一位舞臺劇演員。

◆音量與語調可以用來區分肯定與否定

音量和語調會影響話語的意義。例如「做得真棒」這句話，到底是在稱讚還是在諷刺，是可以根據語調來判斷的。年幼的孩子還無法了解具體的含義，但能分辨出肯定和否定的差別。肯定的話語語調柔和，音量也較低；否定的話語則較為大聲和嚴厲。試想一下我們在說「好喔！」和「不可以！」時的差異，就不難理解了。

透過語調，孩子還會判斷是否要重複大人說的話。大人如果說「飯飯↗」的話，孩子就會跟著說「飯飯」。在他的理解中，語尾拉長，音調提高，就是「要跟著說」的信號。

不妨確認一下自己都是用什麼樣的聲音與孩子對話。

◆肢體動作是繼續對話的信號

肢體動作可以傳遞給對方「我正在傾聽」的信號。例如，大人如果點點頭，孩子就會接收到「可以繼續說」的信號，放心的接著往下說。

孩子：「下雨了。」
爸爸：（點點頭）
孩子：「我撐著雨傘去了庭院。」
爸爸：「雨下得很大呀？」
孩子：「嗯，很大喔！天空滴了好多水到地上。」
爸爸：「真的喔！」（點點頭）

孩子會對大人的反應產生反應，他們會從大人的眼神和表情中讀取意圖，從聲音中感受情緒。他們觀察大人的肢體動作，以獲取自己說的話得到的反饋。在與孩子的對話中，這些信號會產生很大影響。

看著鏡子裡的自己，聆聽內心，感受心情，您是否已經做好和孩子展開對話的準備？一邊回想孩子剛出生的那一刻，調整語調，露出微笑，全心全意與孩子對話，僅僅是投以關愛的眼神，做出點頭的動作，就能給孩子開口說話的勇氣。

與孩子對話前的心態調整

大人要面對繁忙的工作、生活的壓力，還要帶著溫柔的微笑和孩子對話，絕對不是一件容易的事情。推薦大家一種冥想法，建議在和孩子對話前運用，方法如下：

❶坐在椅子上，雙腳貼地，腰背挺直，膝蓋和腿保持90度。

❷閉上眼睛，用鼻子慢慢吸氣，感覺空氣經過鼻腔，再經過呼吸道進入肺部。

❸用嘴巴將空氣吐出，用心感覺，彷彿看見原本充滿體內的空氣，一點一點的排出體外。

❹一邊吸氣，一邊將專注力集中在頭頂。想像一下，我的孩子是這個世界上最美好、最可愛的存在，我對孩子的愛像一道光穿過頭頂，進入我的身體，接著擴散開來，用心看著那道光。

❺呼氣時，想像那些對孩子的負面情緒像黑煙般一起被排出體外。對孩子失望的情緒、生氣的心情，都隨著呼吸吐出來，消失不見。不要逃避或壓制負面情緒，最重要的是面對它。

❻重複進行❶至❺，持續三分鐘。最後一邊緩慢吐氣，一邊睜開眼睛。

TALK PLAY 04

★不要剝奪孩子說話的機會★

大人的某些言語會讓孩子不敢表達

如果和孩子的對話時不時就會句點，總是沒有辦法延續，請回顧一下自己的對話方式，也許能找到其中的原因。

偶爾會遇到父母向我詢問「想提升孩子的表達能力，應該要怎麼做？」答案很簡單，那就是「讓孩子繼續說下去」，也就是不要阻止孩子說話。日常生活中，我們時常因為有意無意的說出以下這些話，而剝奪了孩子說話的機會。

◆催促：「沒時間了，你趕快說。」

大人總是一直忙著什麼事情，孩子一邊看著大人的臉色，一邊對大人說。

孩子：「爸爸。」

爸爸：「什麼事？」

孩子：「那個。」

爸爸：「爸爸很忙，你趕快說，那個怎麼樣？」

孩子（指著色紙）**：**「做那個。」

爸爸：「現在沒有時間玩色紙，下次再玩吧，好不好？」

對話時長只有10秒鐘。

像這樣匆促的互動方式，往往剝奪了孩子表達自己需求的機會。這是一次讓孩子多使用單詞、練習語句結構的好機會，但如果我們總是催促孩子「說重點」，那種「快點、快點」的氛圍，容易讓孩子感覺自己即將「說錯」。他們從對話中察覺到大人不夠友善的態度，自然就會對溝通產生消極的情緒。

遇到這樣的情況時，不妨暫停一下，就算只有一分鐘也好，先靜下來聽孩子說。即使我們當下沒有辦法馬上陪孩子玩，或無法滿足他的要求，可以用「等一下喔」的方式來回應，讓孩子知道他的話有被接住，這樣就能維持良好的對話氣氛。

孩子：「爸爸。」

爸爸（停下手邊的事情，看著孩子的臉）**：**「嗯。」

孩子：「陪我玩這個。」

爸爸：「妳在玩摺紙遊戲呀？」

孩子：「嗯，自己一個人玩不好玩，我要和爸爸一起玩。」

爸爸：「可是爸爸現在沒有空耶，對不起！妳等爸爸十分鐘就好，爸爸等一下跟妳一起玩。」

對話時長二十秒鐘。

這段對話和先前的對話相差不超過十秒，孩子的表現卻有很大的差異。先前的對話只用了三個單詞就結束了（爸爸、做、那個），而這段對話，除了使用更多單詞，語句的表達也更完整了，哪一種對話有助於孩子發展語言，一目了然。

雖然孩子可能會纏著大人現在就陪他玩，但如果大人遵守約定（十分鐘後一起玩摺紙），下次再發生類似的情況，孩子便能耐心等待。

如果孩子還不懂「十分鐘」的概念，那麼請帶著孩子看時鐘。一邊讓孩子看著分針的位置（電子鐘就看著數字），一邊告訴孩子「分針走到這裡（數字變成多少），我就會陪你玩。」有「物品」輔助說明，孩子會更能理解。

◆預先斷定：「是不是那樣？還說不是，就是那個沒錯吧？」

孩子：「爸爸。」

爸爸：「什麼事？」

孩子：「那個。」

爸爸：「你要玩摺紙遊戲？不行，我現在沒空。」

孩子：「不是。」

爸爸：「還說什麼不是，下次再玩吧，知道了嗎？」

這場對話中，孩子從頭到尾只用了三個單詞（爸爸、那個、不是），如果大人好好的聽完孩子說的話呢？

孩子：「爸爸。」

爸爸：「嗯？」

孩子：「那個。」

爸爸：「那個是什麼呢？」

孩子：「沒有剪刀。」

爸爸：「啊，沒有剪刀嗎？」

孩子：（點頭）

爸爸：「妳要用剪刀做什麼？」

孩子：「我要用剪刀剪紙。」

爸爸：「妳要用剪刀剪紙，那爸爸去拿剪刀給妳。」

孩子想要的其實是剪刀，而不是和大人一起玩摺紙。好好的把孩子的話聽完，她才能說出「沒有剪刀」、「我要用剪刀剪紙」這樣準確的語句，進而傳達自己的想法。

◆即刻改正：「那樣不對，好好講出來。」

孩子語句表達不正確的時候，大人總會想要去修正，這樣的作法能讓孩子學習到正確的語句，但也有中斷對話的缺點。如果反覆經驗這樣的狀況，孩子便會感到失落，漸漸變得不願意開口說話。

孩子：「爸爸，前刀。」

爸爸：「前刀是什麼？好好的說！跟著我說一次，剪刀。」

孩子：「……」

孩子：「今天老師告訴說我們。」

爸爸：「不是告訴說我們，是告訴我們！再說一次，告、訴、我、們。」

孩子：「……」

如果我們改用以下這樣的說法，會不會更好一點呢？

孩子：「爸爸，前刀。」

爸爸：「剪刀嗎？怎麼了？」

孩子：「剪刀給我。」

爸爸：「給妳剪刀嗎？妳拿剪刀要做什麼呢？」

孩子：「我要剪紙。」

爸爸：「妳要用剪刀剪紙啊，好吧，給妳，要小心喔！」

孩子：「媽媽，今天老師告訴說我們。」

媽媽：「老師告訴你們什麼？」

孩子：「他說小燦生病了。」

媽媽：「他說小燦生病了啊？老師告訴你們小燦生病了嗎？然後呢？」

孩子：「嗯，告訴我們小燦生病了，然後說他不能來學校了。」

媽媽：「這樣啊，希望小燦快點好起來。」

像這樣的做法，大人一方面可以幫孩子將語句調整更為適當的說法，一方面又能讓對話延續，是更適當的引導方式。孩子透過聆聽大人的表達方式，可以學習如何調整並說出完整的語句。

◆ **迴避：「好啦，知道了，不要再說了。」**

孩子：「媽媽，我……」

媽媽：「怎麼了？你又用到什麼了？」

孩子：「我把水打翻了……」

媽媽（一邊遞衛生紙）：「好了，知道了！不要再說話了，去把它擦一擦。」

大人的種種反應，其實已經是在對孩子說：「哎喲，好煩。」、「又是一堆問題。」、

「真是的，事情都做不完！」、「你為什麼老是闖禍？」雖然沒有直接這麼說，但是孩子就像已經聽見這些話，不要說失去說話的意願了，就連心靈都受到創傷。

孩子：「媽媽，我……」

媽媽：「我們小燦怎麼啦？什麼事情？」

孩子：「我把水打翻了……」

媽媽：「你打翻水啦？然後呢？」

孩子：「我用衛生紙擦了，我還要衛生紙。」

媽媽：「衛生紙不夠用啊！好，媽媽拿衛生紙給你，小燦自己也整理得很好喔。（一邊遞衛生紙）我們一起把它擦一擦吧！」

隨著對話越來越長，孩子把想說的話全部都說出來了。問題很快的得到處理，孩子也會感受到大人幫助自己解決了問題，這種感受會馬上和孩子的自尊感連結在一起。

◆冷漠的反應：「喔，好。」

還有一種讓孩子失去說話意願的對話方式，就是漠不關心。

孩子：「爸爸看這個。」

爸爸（眼睛一直盯著手機）：「什麼東西？」

孩子：「一直轉圈圈。」

爸爸（眼睛一直盯著手機）：「對啊，轉圈圈耶。」

孩子：「……」

當孩子主動跟大人說話時，背後往往代表著他們想要取得某樣東西。

這個「東西」可能是具體的物品，也可能是情感上的關愛，如果孩子想要的是物品，那就直接給予他想要的東西就好；如果他真正渴望的是關注與陪伴，那麼我們就用關心來回應，這才是孩子真正需要的。

孩子：「爸爸看這個。」

爸爸（看著孩子手指的地方）**：**「喔？好神奇啊！」

孩子：「一直轉圈圈。」

爸爸：「哇，陀螺真的一直轉來轉去的耶，那是怎麼用的呀？」

孩子：「先把這個這樣用，然後再這樣拉它就可以了。」

爸爸：「啊哈，先綁好這個線，然後再拉這個線就可以了。」

孩子：「這樣就會轉了。」

爸爸：「真有趣，下次我們一起玩玩看吧！」

帶著關心及興趣詢問孩子方法，孩子便會興奮的開始說明起來。將自己知道的東西有效傳達給對方，是語言發展中相當重要的技能。大人的關心，可以促進孩子這方面的發展。

◆超出孩子現階段程度的要求：「再說明得更詳細一點。」

大人要求孩子加以闡述說明，是促進孩子梳理語句、強化表達的好方法。但有一點需要注意，那就是必須符合孩子的發展程度。

孩子：「媽媽，我今天去戶外教學。」

媽媽：「真的啊？和誰去的呢？」

孩子：「和老師還有班上的同學。」

媽媽：「路上有沒有塞車啊？看今天的新聞，說是從收費站就開始堵塞了。」

孩子：「車子開得很慢。」

媽媽：「每到週末，高速公路交流道是個交通瓶頸，堵塞都很嚴重，但一過交流道之後，塞車的狀況應該就緩解很多了吧？媽媽下週要和朋友去度假村，想多了解塞車的狀況，妳可以再多跟媽媽說明一下嗎？」

孩子：「……」

聽著媽媽說的話，孩子的小腦袋瓜應該變得混亂不已吧？雖然孩子也可以問「什麼是交流道？」，但是由於「交通瓶頸」、「堵塞」、「緩解」等不懂的單詞實在太多了，孩子很容易徹底打消回答的念頭。加上孩子無法得知過了交流道後，交通會不會緩解，所以就算弄懂了那些單詞的意思，還是回答不出媽媽的問題，很可能感到困惑或挫折。

不知道那位媽媽參雜複雜的單詞向孩子提問的時候，是否暫時忘記了孩子的年紀，因為有自己另外想關注的議題（下週要和朋友去度假村，想多了解交通狀況），所以不自覺的脫口而出。

把孩子當作對等的說話對象，並不代表孩子和大人一樣具有相同的思考能力，前者是一種尊重，後者則是一種錯誤的期待。

孩子和大人不一樣，孩子要經歷必須的發育過程，而大人誤把孩子當大人來對話，使用孩子還沒有學過的困難單詞，或者提出要針對前後因果加以分析的問題，會讓孩子不知所措，如果想延續親子之間的對話，大人提出的要求和問題，必須要在孩子可以理解的範圍內。

◆自動幫孩子全部做好：「要做這個？好，知道了。」

孩子說的話，必須得到相應的結果。不論是拿到想要的東西，去想去的地方，或是做想做的事情，只要大人做出回應，孩子就會了解「說話是有用的」，也就更願意開口表達。反之，若孩子還沒開口，大人就先搶先幫他把一切都做好了，久而久之，孩子就會覺得自己不需要說話了。

孩子：「爸爸。」

爸爸（一邊遞給孩子玩具積木）**：**「喔，好，知道了，這個妳拿去吧。」

孩子：「爸爸。」

爸爸（走近孩子）**：**「啊，要做房子嗎？好，知道了。」

孩子：「爸爸。」

爸爸：「啊，要做動物農場嗎？好，我知道了。」（爸爸自己低頭看著說明書，認真的堆著積木。）

孩子（沉默，只是靜靜的眨著眼睛。）

除了「爸爸」這個詞以外，孩子會說的話肯定還有很多。如果大人問「怎麼啦，我們要玩什麼呢？」的話，孩子絕對會說個不停。因此，比起大人自動幫孩子全部做好，更好的方法是耐心等待，給予孩子機會說出「爸爸，跟我一起玩」，「爸爸，我們來玩蓋房子遊戲」，「爸爸，陪我做動物農場，這裡放一隻鹿，還有河馬也要放進去」等話語。

請放下「能夠看穿孩子的心，才是好父母」這樣的想法，對話並不是讀心術，而是透過言語建立理解的過程。建議父母溫和的引導孩子了解，如果沒有透過對話，對方便無法知道自己的想法。

TALK PLAY 05

★打開孩子的心門★

透過回應「真的呀？」接納孩子說的話

孩子與大人說話的同時，也在觀察氛圍，判斷自己說的話是否被接受。如果想要提升孩子的表達能力，請先試著回應孩子的話。

孩子在獨立之前，需要依靠大人的照顧，因此，孩子對大人說的內容中，大部分是「需求」，也包含了「認可的需求」。從年幼時期開始，孩子便會主動要求需要的東西，隨著年齡增長，他們更在意是否獲得大人的肯定。當孩子談論自己的經驗或狀態時，這背後往往也隱藏著對認可的需求。

所以孩子在與大人搭話的那一刻起，便會開始觀察氣氛，判斷自己的話是否被接受，如果氣氛好，他們就會把準備好的話說出來；如果氣氛不太對勁，他們可能會嘗試硬碰硬，直到被接受為止；也可能就此放棄，不再繼續說下去。

想要提升孩子的表達能力，首先必須回應孩子說的話，不妨使用「真的呀？」或是「原來是那樣啊！」的應答方式。

孩子：「爸爸，我做了這個。」

爸爸：「真的呀？」

孩子：「你看這個，疊得超級超級高。」

爸爸：「哇，真的耶！爸爸可以摸摸看嗎？」

孩子：「不行，會倒下來。」

爸爸：「好，爸爸不摸它，那妳做的是什麼呢？」

孩子：「我做了海盜王國。」

爸爸：「原來是海盜王國啊！我們小美做了海盜王國耶。」

孩子：「嗯，用樂高做的。」

爸爸：「原來是這樣，好厲害喔！」

不過是回應了「真的呀？」，孩子就開心的說出了好多話，孩子用樂高積木做出城堡，想要和大人炫耀，大人的一句「真的呀？」便能引導孩子用話語表達出那樣的心情。

孩子：「媽媽，爸爸不跟我玩。」

媽媽：「真的呀？爸爸不陪你玩，所以河俊很難過嗎？」

孩子：「嗯，我想要玩球。」

媽媽：「河俊想要玩球呀！」

孩子（點點頭）

媽媽：「那要不要跟媽媽玩？你要去把球拿過來嗎？」

孩子：「好！」

因為爸爸不陪自己玩而感到難過的河俊，因為媽媽的一句「真的呀？」得到了理解和安慰，也會更有動力想要表現自己。

有時孩子會耍賴到底，吵著一定要和爸爸玩，不過因為自己的失望被接受了，所以耍賴的強度會降低很多。如果這時媽媽提出讓人很難拒絕的提議，例如：「和媽媽玩完球之後，一起看《水果奶奶》吧？」孩子被爸爸拒絕的心情很快就會獲得紓解，甚至因為期待而愉悅的說個不停。

TALK PLAY 06

★對話中也需要潤滑劑★

「真的呀？」、「怎麼辦？」能讓孩子越說越多

和孩子對話的時候，需要使用能自然推進對話的潤滑劑。雖然只是一些沒有實際內容的句子，卻會成為「我正在聽」、「你講的內容很有趣」的信號，讓孩子願意越說越多。

父母們在成長的過程中，應該經常聽到「講重點就好」這樣的話。「講重點」是在通訊受到限制的時期，多人共用一臺電話機的情況下，大家需要遵守的禮儀。現在有了手機這樣的東西，就不再需要「講重點」了。

另外，「講重點」，真的是不可打破的金科玉律嗎？精簡的對話，能夠將我們的情感和想法完全分享出來嗎？我想建議各位，與孩子對話的時候，盡量多說一些「看似沒意義的小語句」。例如：「真的嗎？」、「怎麼可能！」、「怎麼辦呀？」、「哇！真的假的？」、「超強的」、「啊哈！」雖然這些小語句看似沒有實質的內容，卻能使對話自然接續下去，它們會成為「我正在聽」、「你說的內容很有趣」的信號，讓說話者更想繼續說下去。

讓我們看看情境相同，走向卻不同的例子。

孩子：「爸爸，我得到獎狀了！」

爸爸（從孩子手裡接過獎狀）**：**「很好，很棒。」

孩子：「……」

孩子：「爸爸，我得到獎狀了！」

爸爸（從孩子手裡接過獎狀）**：**「哇，真的假的？」

孩子：「嗯，老師說我的盆栽做得很棒，所以給我獎狀。」

爸爸：「我們小美超棒的！（鼓掌）拍拍手，讚讚讚！」

第二種情況帶出了孩子更多的表達。像「哇，真的假的？」這樣的回應，是將孩子視為同等的對話對象，樂於參與孩子喜悅或悲傷的心境而自然作出的反應，這種對話有助於情感的互動。

因此，當孩子主動搭話的時候，以「哇！真的嗎？」、「竟然這樣！」、「怎麼辦呀？」、「怎麼可能！」引導孩子接著往下說，孩子很有可能表現出前所未有的積極態度，或是冒出全新的表達方式，給父母一個大驚喜。

TALK PLAY 07

★直接引導孩子說新的單詞★

用「試著說說看」引導不太說話的孩子

針對語言表達較少、態度較為消極的孩子，以及一至兩歲的孩子，建議運用「指示法」告訴他們新的單詞和表達方式。

如何引導不太說話的孩子使用新的單詞或語句來表達呢？

建議直接指示孩子表達，這樣的對話法叫做「指示法」。讓我們一起來看看例子吧！

二十個月大的小燦和爸爸一起去超市，來到蔬菜區，小燦好奇的東張西望，於是爸爸和小燦展開了以下對話。

爸爸：「這裡有小黃瓜，還有胡蘿蔔耶。（一邊說一邊看著孩子）小燦啊，像這樣的東西，就叫做蔬菜，試著說說看，蔬、菜。」

孩子：「督在。」

爸爸：「哎呦，好棒。我們也去旁邊看看，啊，這裡有水果，水、果。」

孩子：「垂果。」

小美今年三歲，個性非常害羞，平時不太喜歡說話，媽媽和她一起玩家家酒的時候，試著引導她。

媽媽（一邊拿著熊熊，讓熊熊把小企鵝抱在懷裡）**：**「小美啊，妳說說看，我、愛、你。」

孩子：「我愛你。」

媽媽：「小企鵝也跟熊熊說我愛你。」

媽媽（做著家家酒的食物）**：**「我們一起來做漢堡，放肉肉還有生菜，小美說放、肉、肉。」

孩子：「發肉肉。」

媽媽：「真棒。（一邊放漢堡肉，一邊說）放肉肉，接著說說看，放、生、菜。」

孩子：「發真菜。」

媽媽（一邊把生菜加進去，一邊說）**：**「漢堡完成！小美做了一個漢堡耶！好棒唷，拍拍手。」

透過這樣的方式，直接提供「指示」，讓孩子說出新的單詞，也可以參考下面的例子，用話語向孩子說明大人正在做的事。

爸爸（整理書籍）**：**「小美，試著說放、進、去。」

孩子：「放進去。」

爸爸：（把書放進去後）**：**「爸爸把書放進去了。」

或者先完整的說出來，再讓孩子跟著說一遍。

媽媽（用手指著經過的船）**：**「哇，小燦，你看那艘船真的好大喔。（一邊看著孩子，一邊說）你跟著媽媽說說看，好、大。」

孩子：「好大。」

媽媽（一邊撫摸孩子受傷的膝蓋，一邊說）**：**「小美摔倒了啊，很痛吧？這個時候妳可以說，好、痛、喔。」

孩子：「好痛喔。」

媽媽：「對呀，好痛喔，我們趕快貼OK繃吧！」

爸爸（一邊推著腳踏車，一邊說）**：「小美啊，我們慢慢騎。**（一邊減緩速度，一邊說）**來，跟著爸爸說說看，慢、慢、騎。」**

孩子：「慢慢騎。」

「指示法」針對的是比較不愛開口、態度較為消極的孩子，是透過直接要求來引導他們用話語表達，適合在孩子一到兩歲，開始接觸新詞彙或簡單語句的階段運用。

但是太過頻繁的使用指示法，可能會給孩子帶來壓力，所以需要多加留意。建議大人示範並引導孩子仿說，唯有這樣行不通的時候，才選擇性的使用指示法。

TALK PLAY 08

★調整孩子的語句★

讓孩子接收正確的表達方式

每當孩子表達錯誤，大人都會想要馬上糾正，然而這樣做，可能會使孩子變得膽怯，甚至破壞對話的節奏。這時候，只需要將正確的表達方式說給孩子聽即可。

和孩子對話的時候，有一件事絕對不能忽略，這件事情也是孩子從大人那裡學習母語的關鍵，那就是大人用正確的方式來調整孩子錯誤的表達（修正法）。然而，大人修正的方式也有可能會造成事與願違的結果，讓孩子感受到壓力，或是破壞對話的流暢度、節奏，都與預期目標有所出入。尤其當大人流露出不滿意的表情時，孩子便會感受到「我做錯事了」，導致說話的意願降低。

該怎麼做才能避免再次發生這樣的狀況，並告訴孩子合適的表達呢？

方法並不難，請記住以下三點：

- **不要打斷孩子的話，全部聽完之後，再將合適的版本說給孩子聽。**
- **不催促孩子馬上再說一次。**
- **不露出失望的表情，或是不滿意的眼神看著孩子。**

接下來透過例子來說明。

例子①

孩子（走在路上）**：**「媽媽，風在大吹。」

媽媽：「真的耶，風吹得好大。」

例子②

孩子（數著餅乾的數量）**：**「一顆、兩顆、三顆、四顆。」

爸爸（再數一次孩子剛剛數過的餅乾）**：**「這裡有餅乾啊？一塊、兩塊、三塊、四塊。哇！有四塊餅乾耶！」

例子③

孩子（向長輩問候）**：**「叔叔，再見。」

爸爸（再次問候）**：**「舅舅，這麼快就要走啦？小燦啊，我們跟舅舅說再見吧，請慢走。」

孩子：「舅舅，請慢走。」

在例子①中，大人告訴孩子正確的語句文法；例子②中，大人說出正確的量詞用法；例子③的情況是孩子混淆了家族稱謂，於是大人明確的給出示範，引導孩子察覺到自己的表達有誤進而調整，這就是修正法。

大約三歲左右，孩子的用詞會開始增加，語句也會變得更加具體。隨著表達越來越豐富，語句中難免會出現一點小小錯誤，這是一種「試誤」學習，經過這個階段，孩子的語言表達就會更精準，在這個時期使用修正法，有助於孩子發展語言能力。

TALK PLAY 09

★梳理孩子的口語表達★

協助孩子把語句變得更完整、豐富

如果孩子以羅列單詞的方式說話，與其責備孩子，不如先將完整的語句說給孩子聽，也可以在孩子的語句中添加更多樣、更豐富的表達。

孩子兩歲左右，語言發展會從「單詞」進入「語句表達」的階段，因此經常會出現以羅列單詞的方式說話的情況。這時候，大人可以對孩子的話適度補充，協助孩子完成整個句子（完成法），或是透過豐富孩子話語的意義（擴張法），幫助孩子發展語言能力。

◆利用「完成法」幫助孩子發展語言能力

讓我們來看看以下範例。

小強和媽媽正在一起看繪本，孩子指著書中的圖畫說。

孩子：「回家了。」

媽媽（用手指著小企鵝）**：「對呀，小企鵝回到家裡了！」**

小美在公園和爸爸玩完球後，一起回家，坐電梯時，發現電梯裡貼著什麼東西。

孩子：「披薩。」

爸爸（用手指著廣告傳單上披薩的照片）：「對呀，披薩在這裡耶！」

在第一個範例中，大人補充孩子語句中漏掉的主詞「小企鵝」，並將完整的語句說給孩子聽。在第二個範例中，大人補充了謂語，將整個句子說給孩子聽，兩者都是對孩子沒有完成的表達進行補充。

一個完整的句子至少要有一個主詞和一個謂語。在這兩個範例中，大人藉由補充被省略的主詞和謂語，完成了整句話，幫助孩子將語句的意義更明確的表達出來，形式上也更完整了。

像這樣將孩子的表達補充完整再說給孩子聽，就叫做「完成法」。這個方法適用於兩至三歲，以及語句表達不熟練、但是單詞或短語表達很頻繁的孩子。

讓我們再一起看看其他完成法的範例。

孩子（脫鞋子）：「回家了。」

媽媽（看著孩子的臉）：「小強從幼兒園下課，回到家啦？」

孩子（點點頭）

孩子（用手指著冰箱）：「牛奶。」

爸爸（看著孩子的臉，並指著冰箱）：「好，要爸爸從冰箱裡拿牛奶給妳嗎？」

孩子（點點頭）

這兩個範例裡，大人都將孩子想說的話用更明確、更具體的語句說了出來。這樣做需要一些推理，範例中則是透過問句回應，以確認孩子的需求。為了更了解孩子說話的意圖，對話時必須更加專注。

◆利用「擴張法」幫助孩子發展語言能力

接下來要介紹的是「擴張法」，「完成法」是補充孩子沒有說出來的話，「擴張法」

則是在孩子的表達上添加更多詞語，豐富其形式和內容。

請見以下的例子說明。

孩子（讀著故事繪本）：「小企鵝回家了。」

媽媽（用手指著小企鵝）：「小企鵝和好朋友們一起回家啦！」

孩子（看著廣告傳單）：「有冰淇淋。」

爸爸（用手指著廣告傳單上的照片）：「對呀，這裡有冰淇淋、有餅乾，還有牛奶喔！」

孩子（脫鞋子）：「回到家了。」

媽媽（看著孩子的臉）：「是啊，小強坐車回到家了呢！」

孩子（點點頭）

孩子（用手指著冰箱）**：「我要吃冰淇淋。」**

爸爸（看著孩子的臉，用手指著冰箱）**：「我們一起來吃昨天買的草莓冰淇淋，好不好呀？」**

孩子（點點頭）

大人在孩子的句子上添加話語，讓句子變得更具體，也包含了更多信息。參考孩子的話，在文法、意義上加以梳理，孩子便可以更準確、更豐富的表達。

梳理孩子口語表達的方法

◆**完成法**

- 加上遺漏的主詞／受詞／謂語
- 補上遺漏的助詞

◆**擴張法**

- 使用「和／以及／還有」
- 使用所有格
- 使用修飾語（形容詞）

TALK PLAY 10

★將對話延續得更長★

活用連接詞 讓親子對話更順暢

即使是相同的對話素材，如果以不同的方式引導孩子，對話可以在一分鐘內就結束，也可以持續十分鐘。如果想要讓孩子多說話、多表達，建議活用連接詞來延續對話。

當我們要把句子和句子連接起來時候，連接詞就扮演了很重要的角色。後面的句子或延續對等的敘述（還有），或說明前面句子的結果（所以），也可以敘述新的事實（然而）。活用連接詞，可以使對話接續得更長。

◆利用「還有」來接續對話

媽媽：「小美，幼兒園裡有哪些小朋友啊？」

孩子：「有明昌。」

媽媽：「還有？」

孩子：「有俊賢。」

媽媽：「還有？」

孩子：「有文彬。」

媽媽：「真的啊，幼兒園裡有明昌，還有俊賢，還有文彬啊。（短暫停歇）妳剛剛說了什麼呢？」

孩子：「幼兒園裡有明昌，還有俊賢，還有文彬。」

利用「還有」將孩子的話延長，再結合起來，複誦給孩子聽。接著通過詢問孩子「妳剛剛說了什麼呢？」，引導孩子仿說延長後的語句，讓孩子說得更長、更具體。

◆利用「所以」來接續對話

孩子：「我和明昌吵架了。」

爸爸：「妳和明昌吵架啦？所以呢？」

孩子：「明昌就哭了。」

爸爸：「哎呀，你們兩個吵架，所以明昌就哭了啊！後來呢？」

孩子：「老師叫我們不要吵架。」

爸爸：「原來是這樣，因為明昌哭了，所以老師叫你們不要吵架了，是嗎？」

孩子：「嗯。」

爸爸：「請問我剛剛說了什麼呢？（然後讓孩子試著複述剛剛大人整理出來的句子）」

孩子：「因為明昌哭了，所以老師就叫我們不要吵架了。」

爸爸：「真的啊，小美說明得真棒耶！」

用「所以呢？」引導孩子說出整個事件的結果，大人再將其整合。最後通過詢問「請問我剛剛說了什麼呢？」，讓孩子仿說出運用「所以」及包含「原因↓結果」的句子。

◆利用「可是」、「但是」、「然後」來接續對話

媽媽：「很久很久以前，森林裡住著一個樵夫。」

孩子：「樵夫？」

媽媽：「嗯，可是，（停頓一下）有一天森林裡發生了火災。」

孩子：「火？」

媽媽：「嗯，然後，（停頓一下）小鹿剛好就在那座森林裡面。」

孩子：「小鹿？」

媽媽：「可是，（停頓一下）那隻小鹿其實是山神喔！」

如同對話所示，連接詞（可是、但是、然後）主要用於添加新的事實，因為讓人有所期待，所以能幫助孩子更專心的聆聽，非常適合說故事時使用。

另外要特別留意，有時大人會用「可是呢」作為提問語，但這樣反而會讓對話無法順利延續。

TALK PLAY 11

★確認孩子所講的話★

用「問句」回覆，讓孩子再說一次

當我們沒有聽清楚孩子說的話，或孩子說的不太明確時，請用「你剛才說了什麼？」這樣的問句，請孩子再說一次。

在對話的過程中，有時候會需要確認對方說的話。可能是因為自己沒聽清楚，也可能是因為對方說的不夠明確，我們通常會做出「嗯？」、「你說什麼？」、「能再說一遍嗎？」之類的回應。與孩子對話的時候，刻意的使用這些語句，對發展語言很有幫助。以下是兩種運用方式。

◆將孩子說的話，原封不動的改成疑問句

孩子：「媽媽扮。」

媽媽：「飯？」

孩子：「飯。」

孩子：「那邊小狗巴巴。」

媽媽：「小狗的尾巴？」

孩子：「嗯，小狗的尾巴。」

從範例中可以看到，把孩子說的話用提問的形式再說一次，可以確認孩子的原意，並修正發音。

孩子：「回去。」

爸爸：「先把這個完成。」

孩子：「家。」

爸爸：「你是說要回家嗎？」

孩子：「快點回家。」

大人將孩子的話轉為問題，確認孩子話語的意圖，針對該提問，孩子便能夠更明確的用語句表達出自己的想法。

◆示範後，再詢問孩子「你說什麼？」

大人先示範語句，接著問孩子「你說什麼？」或「你說說看」，引導孩子跟著複誦。

媽媽（手指著箱子）**：**「箱子裡面有什麼呢？」

孩子：「剪刀。」

媽媽：「還有嗎？」

孩子：「膠水和色紙。」

媽媽：「也有色鉛筆嗎？」

孩子：「沒有。」

媽媽：「原來是這樣啊！箱子裡面有剪刀、膠水，還有色紙呀！（給孩子看箱子裡面）請問我剛剛說了什麼呢？」

孩子：「箱子裡面有剪刀、膠水，還有色紙。」

媽媽：「真的！小燦說得好棒喔！」

大人先說明什麼東西在哪裡，再讓孩子跟著說一次。

玩家家酒時也可以運用這種方式。

爸爸：「這裡是哪裡呀？」

孩子：「嗯，動物園。」

爸爸：「啊，小企鵝開車回動物園啦？」

孩子：「嗯。」

爸爸：「妳說說看。」

孩子：「小企鵝開車回動物園了。」

爸爸：「原來是那樣啊，小美講得好棒喔。」

大人先說出誰做了什麼事情，並讓孩子複誦。

讀繪本的時候，也可以運用這種方法。

媽媽：「從前從前，森林裡的村莊住著一隻蝸牛和一隻野狼……小美，書上說森林裡住了一隻蝸牛和一隻野狼耶！」

孩子：「野狼？」

媽媽：「嗯，可是聽說有一天野狼感冒了。小美啊，妳說說看野狼怎麼了？」

孩子：「那隻野狼，感冒了。」

媽媽：「對呀！那隻野狼感冒了，得了感冒的野狼，去了蝸牛的家……。」

如果孩子開始會說單詞了，可以透過這個方法讓孩子了解單詞的意思，並幫助他更清晰、標準的發音，引導他說出句子。如果孩子能夠說出完整的句子，則可以讓他練習「什麼東西在哪裡？」、「誰在哪裡做什麼？」等簡單描述，也可以運用像「你剛才說了什麼？」，「爸爸（媽媽）也不太知道耶，是什麼呢？」這樣的句子來反問孩子。根據情況，反問可以有各種不同的形式。

TALK PLAY 12

★藉由提問來幫助孩子的語言發展★

問題的功能與種類

提問能讓孩子認識他們原本不知道的東西，或說出他們已經知道的東西，也能發揮接續對話的功能。請多多運用各式各樣的提問，來延續與孩子的對話。

「那個是什麼？」、「那個是怎麼變的？」、「為什麼會變成這樣？」孩子之所以會問那麼多的問題，是因為他們很好奇並且相信「萬能的大人」知道答案。孩子會認為大人什麼都知道，說什麼都是正確的。

大人的提問則不同，大人的目標，是用答案來引導孩子行動。

- （舉起手指）**「要吃飯了嗎？」↓含意：「吃飯囉。」**
- （指著掉在地上的飯粒）**「這是什麼東西呀？」↓含意：「不可以把飯粒掉到地上。」**
- （指著照片上的爸爸）**「這是誰呀？」↓含意：「叫爸爸。」**
- （指著玩具）**「你在做什麼？」↓含意：「把玩具整理乾淨，去吃飯吧！」**
- （在超市裡）**「可以那樣子嗎？」↓含意：「把手裡的餅乾放下來吧！」**

幫助孩子發展語言的對話方法中，提問的方式會與上述的有些不同，讓我們一起看看範例。

孩子和大人一起看卡通，主角正在穿越沙漠，孩子先開口說。

孩子（看著電視）**：**「淘氣小企鵝。」

爸爸：「對耶，是淘氣小企鵝耶！（指著駱駝）那麼，那個是什麼呀？」

孩子（轉頭看向大人）

爸爸：「那個是駱駝，駱、駝。」

孩子：「駱駝。」

爸爸：「對，是駱駝。」

儘管大人知道那是駱駝，卻還是詢問孩子，因為這個提問的用意是引導孩子學習說出新單詞「駱駝」。

讓我們再來看另一個範例，孩子正在畫畫。

媽媽：「妳在畫什麼呢？」

孩子：「暴龍。」

媽媽：「哇！暴龍的肚子不餓嗎？」

孩子：「肚子餓。」

媽媽：「暴龍喜歡吃什麼？」

孩子：「披薩。」

媽媽：「真的呀？原來暴龍喜歡吃披薩呀！。」

這樣的提問內容，可以讓孩子說出他們已經知道的詞彙，同時接續對話。

那麼，我們與孩子的日常對話中，常見的提問包含了哪些內容呢？

讓我們透過「六W原則」來看看，父母如何透過提問的內容，來幫助孩子更清楚的表達與思考。

◆何物與何人？(What & Who)：詢問名稱

爸爸（指著照片上的爺爺）**：**「小燦啊，這是誰？」

孩子：「爺爺。」

爸爸（指著花朵）**：**「小燦啊，這個是什麼？」

孩子：「花。」

這是詢問人或物的名稱，對於孩子來說，這類提問相對容易回答，因為對象明確具體，名稱就是答案。

◆何地？(Where)：詢問場所

媽媽：「小燦啊，淘氣小企鵝住在哪裡呢？」

孩子：「房子裡。」

「哪裡？」是用來詢問地點或場所的提問。由於「場所」屬於空間概念，相較於「誰」或「什麼」這類問題，對孩子來說會較難以理解。

首先，必須先了解每個場所的差異。舉例來說，雖然「動物園」是一個有動物的地方，但有動物的地方不一定是動物園。動物園裡有圍欄、售票處、其他休閒設施，是觀賞動物的場所，而「動物醫院」、「寵物店」裡雖然也有動物，但卻不是動物園。

場所也可以再細分，例如，「房子」是人們居住的地方，分為公寓、大樓、三合院、水上房屋、茅草屋等多種型態。「公寓」內部又劃分為客廳、主臥室、廚房等，「茅草屋」則劃分成房間、前廳、院子等。同理，「山」包含森林、溪谷，「學校」包含教室、廁所、走廊和操場。

先了解場所的意義，孩子便能正確回答「在哪裡？」

◆何時？(When)：詢問時間

爸爸：「小燦啊，你是什麼時候吃飯的呢？」

孩子：「今天吃的。」

時間是流動的，也是相對的。當明天到來，今天便成了昨天，「不久前」、「剛才」、

「以後」等詞彙也是一樣。必須先對時間有一定程度的理解，學習相關的詞彙，才能正確回答出「什麼時候？」。很快的，小燦就會認識到比起「今天」，回答「不久前」或是「中午」更恰當。

◆為何？(Why)：詢問理由

孩子：「暴龍受傷了。」

媽媽：「真的呀！為什麼受傷了呢？」

孩子（一邊扳倒玩偶，一邊說）**：**「牠這樣子，然後就受傷了。」

回答「為什麼」之前，必須先知道原因。如果問題發生在過去，那麼必須記得那件事並理解其意義。如果問題涉及到人，則必須推測他人行為的意圖。（例如：小燦為什麼打你？）

「為什麼？」很難用單詞來回答，需要邏輯思考能力及足夠的語法知識，便能建構出複雜的語句答案。不過，多加引導練習，孩子便能很快的用「跑步的時候摔倒了」這樣有因果關係的完整表達，來取代「這樣子」的簡單回答。

◆如何？(How)：詢問方式或形態

「如何？」詢問的是方式或形態，這個問題的回答方式是向對方「說明」。

媽媽：「小美，小燦長得怎麼樣？」

孩子：「長得圓圓的。」

要描述事物的模樣，孩子必須學會各種形容詞。像是形容樣子、顏色、質地、味道、溫度等，需要一點一滴的累積詞彙量。一般來說，孩子大約在三至四歲時，可以逐漸理解並使用這類詞彙來表達。

媽媽：「小美啊，這個要怎麼用？」

孩子（一邊用動作展現，一邊說）**：**「這樣子用。」

三歲的小美用「這樣子」簡單說明，更具體的回答則需要更多的詞彙量，例如在主詞和謂語組成的語句上添加形容詞。

「怎麼樣？」跟「為什麼？」都是不容易回答的問題。然而，時機成熟時，孩子總會展現出亮眼的表現。俊燦六歲了，讓我們一起看看俊燦是如何說明事情的。

爸爸：「俊燦啊，這個要怎麼用呢？」

孩子：「把兩個蓋子用膠帶黏起來。」

爸爸（一邊跟著做，一邊說）**：**「這樣子嗎？」

孩子：「嗯，接著打洞，然後插進去。」

爸爸（繼續跟著做）

孩子：「然後把色紙剪下來，用膠水貼上去，再畫上眼睛就完成了！」

TALK PLAY 13

★對話會隨著提問的方式改變★

能改變對話走向的問題形式

「提問」是促進孩子語言表達的利器，卻也會被用於測試、命令、批評，這麼一來，對話便不再愉快了。建議父母多回想自己對孩子提出的問題，並預想孩子會如何解讀。

提問形式有很多，想知道是誰用積木蓋了一座很酷的城堡，可以問「是誰做出來的呀？」或是「這個是誰做的？」，想知道孩子更喜歡爸爸還是媽媽，可以詢問「你更喜歡誰？」或是「你喜歡媽媽還是爸爸？」，與孩子的對話，要如何提問比較好呢？

◆簡單的提問

簡單的提問形式有兩種，第一個是「單純的語句型提問」，也就是給予孩子選擇的提問方法。

單純的語句型提問

和孩子對話時，建議盡量使用單純的句型，讓我們一起看看以下的範例。

- 「站在紅綠燈前面的人是誰呢？」及「是誰呢？」
- 「你覺得我們之中，誰的個子最高呢？」及「誰的個子最高呢？」

這兩個提問期望得到相同的答案，一個句型較長較複雜，另一個句型則很簡單。建議將複雜的長句，拆解成簡單的短句，並將冠形句（形容詞句型）及段落分解，組織成更單純的句型，請看以下的範例：

- **「從花圃上面飛過去的黃色昆蟲叫什麼名字呀？」↓「花圃裡有昆蟲耶！它的顏色是黃色的，那是什麼蟲呢？」**
- **「今天在幼兒園和別的小朋友吵架的人是誰？」↓「聽說今天幼兒園裡有人吵架，是誰呢？」**

選擇型提問

第二個「選擇型提問」則是提供選項，包含可以用「是／否」或「這個／那個」回答的問題。

爸爸：「小美要不要吃餅乾？」

孩子：「嗯。」

孩子只需要選擇「是」或「否」就可以了。

孩子（玩著扮家家酒）**：**「汪汪，我是小狗狗。」

媽媽（拿起水果玩具模型）**：**「嗨，小狗狗，你要吃蘋果、西瓜，還是香蕉呢？」

孩子：「吃蘋果。」

媽媽：「好的，小狗狗，給你吃蘋果。」

這個範例也一樣，孩子只需要在大人提供的選項中選出一個就好。當然，孩子有可能三個選項都不想要，這時候就會回答「不要」，或是說出其他選項。不過，從孩子的立場來看，這個提問比「要給你什麼？」更容易回答。

建議在孩子態度較為消極，或是詞彙量有限的時候使用「選擇型提問」。

◆詢問想法的提問

詢問想法的提問沒有選擇項，孩子必須自己找到答案，適用於語言表達活躍的孩子。

- 「你想吃什麼？」
- 「我們要做什麼？」
- 「你今天要和誰玩？」
- 「你最喜歡誰？」

這種提問的好處是能和孩子進行長時間的對話，孩子會為了回答問題而思考，大人則可以透過更多提問延續對話，不斷創造新的話題。根據孩子的語言程度，建議提出不同種類和形式的問題，引導孩子用更豐富的方式來表達。

◆非提問的問句

大人偶爾會提出非提問的問句，也就是說答案已經預設好了。

- 「你看，我剛剛不是叫你做這個了嗎？有沒有？」
- 「這到底是什麼東西啊？」
- 「你為什麼要那樣？」

這些問句通常是孩子較難以回答的，或是已經預設了答案，因此那些提問實際上並非問題，另外，還有以下的提問。

- 「你看，這個上次不是已經教過你了嗎？現在這又是怎麼一回事？」
- 「『爺爺』的英文怎麼說？」

這些已經預設答案的提問，對孩子來說會更像考題，如果回答不正確，可能就會被命令、批評或是責罵，因此父母若頻繁的詢問這類問題，對話氣氛會變得不太愉快，孩子也可能出現迴避對話的反應。

回想一下，與孩子對話的時候，是否會習慣性的詢問這類問題。在促進孩子語言發展的對話方法中，「提問」應該要成為幫助孩子表達的良好工具，而非是增加壓力的工具。

第 3 章

【實做對話篇】

透過各式各樣的活動增加詞彙量

TALK PLAY 01

★告訴孩子單詞的步驟★

與孩子對話時，從簡單的說法開始

親子日常對話時，建議從簡單常用的詞彙開始，孩子才有更多機會運用和表達。

一歲多的娜娜和爸爸一起出門散步，才走沒幾步路，娜娜就伸手要爸爸抱抱。

爸爸：「娜娜，怎麼啦？」

孩子（皺著臉，伸出手）

爸爸：「怎麼啦？用說的告訴爸爸。來，跟著爸爸說，我、好、累。」

孩子（持續做著要爸爸抱的手勢）

爸爸：「真是的，妳不可以這個樣子。爸爸教妳用說的，要說『我好累，爸爸抱抱』。」

「累」是一個表達精神狀態的形容詞，一歲多的孩子很難理解，比起「累」，動詞「抱抱」更適合孩子表達。建議大人用這樣的方式引導孩子：「跟著爸爸說，抱、抱。」從簡單且常用的詞彙說起，孩子才能了解並練習表達。

孩子在習得語言之前，必須經歷幾個階段，理解這些階段，有助於判斷引導孩子學習單詞的優先順序。

◆先學「表達感覺和經驗」的單詞，後學「抽象和概念」的單詞

孩子會先學習能看到、聽到的事物，以及能觸摸、感覺的事物。像是和身體相關的單詞（臉、眼睛、鼻子、嘴巴、耳朵、肚子、手、腳、腿等），與動物或是交通工具相關的單詞（小狗汪汪、貓咪喵喵、小豬咕嚕咕嚕、汽車嘟嘟等）。接著，他們會認識與地點相關的單詞（家、兒童樂園、幼兒園、動物園、超市、公園等），然後進一步熟悉與時間相關的單詞（早上、中午、晚上、夜晚、現在、剛才、以後等）。

◆先學「動詞」，後學「形容詞」

孩子會先學習與動作相關的動詞（去、來、坐、起來、給、拿等），接下來才是呈現狀態的形容詞（輕、重、好、壞、安靜、吵、好吃、難吃等）。

◆先學「發音容易」的單詞

根據專家研究發現，兒童在注音符號的構音發展會以雙脣音（ㄅ、ㄆ、ㄇ），舌尖音（ㄉ、ㄊ、ㄋ、ㄌ）和舌根音（ㄍ、ㄎ、ㄏ）的順序發展。因此「媽媽」、「爸爸」等單詞會比「高速公路」、「鋼鐵人」容易發音，建議可從這類單詞開始引導。

◆先學「肯定」的概念，後學「否定」的概念

孩子會先學習「大」、「多」、「好」、「漂亮」等正向肯定的詞彙，之後才開始學習「小」、「少」、「壞」、「討厭」等否定的詞彙。因此，請先告訴孩子「漂亮」、「美好」、「快樂」等和美麗事物相關的語句。

◆學習詞彙的過程中，各有不同的發展步調

孩子在學習詞彙的過程中各有差異，比起「玫瑰花」這個單詞，有的孩子可能會先學會「紅色」、「花朵」。此外，孩子學習單詞的方式會受到環境影響，他們會先學經常看到、聽到的，比如在房子裡的物品名稱，在外面遇到的事物，以及大人頻繁使用的單詞和語句。

有些孩子可以順暢的仿說大人使用的單詞，但要運用同齡孩子經常使用的單詞時卻不太熟悉，這是因為孩子先從大人那裡學會如何說話，所以，當自己的孩子還不會說其他孩子已經會的單詞時，父母不必太過擔心。

TALK PLAY 02

★ 從大自然裡學習形容詞 ★

在公園裡可以學習到的詞彙

外面的世界充滿了各種能用形容詞描繪的事物，尤其在公園裡，有泥土、草、石頭、金屬、水和樹木等不同質地的事物。試著使用不同的形容詞，和孩子討論這些事物吧！

小燦和媽媽去公園，媽媽坐在長椅上，小燦一邊撥開草叢，一邊找石頭。

媽媽：「哇，那是什麼呀？是石頭耶，石頭。」

孩子（看著媽媽的眼睛）**：**「石頭。」

媽媽：「沒錯，是石頭，媽媽可以摸摸看嗎？哇，硬硬的耶！」

孩子：「硬硬的。」

媽媽：「對呀，真的很硬。哇！這邊有塊石頭更大，你要不要摸摸看？」

公園裡除了石頭，還有許多可以刺激孩子感官的事物，摸著石頭的小燦，發現在石頭上面爬行的螞蟻。

媽媽：「是螞蟻。」

孩子（一邊伸手過去，一邊說）**：**「螞蟻。」

媽媽：「小心，被螞蟻咬到的話，會很痛喔！」

孩子：「痛？」

媽媽（一邊示範螞蟻咬手的動作，一邊說）：「哎呀，好痛！」

媽媽把小燦看到的東西和摸到的東西作為素材，用豐富多樣的表達方式將它們說出來，小燦因此學到了「硬硬的」和「痛」這些新詞。

公園裡充滿各種可以用形容詞描繪的事物，和孩子討論泥土、草、石頭、金屬、水和樹木等不同質地的事物時，試著使用不同的形容詞吧！

公園裡，小美和爸爸一起玩球，一段時間後，爸爸開口詢問孩子。

爸爸：「還想再玩嗎？」

孩子：「還要再玩。」

爸爸：「好像要下雨了，妳看天空，灰灰的。」

孩子：「灰灰的？」

爸爸：「嗯，沒有太陽了，天空灰灰的。」

爸爸和小美回家後，看見雨滴落在陽臺的花盆上，爸爸對小美說：

爸爸：「小美妳看，葉子濕掉了，妳摸摸看。」

孩子：「溼掉了。」

爸爸：「對啊，葉子溼溼的。」

孩子：「溼溼的？」

爸爸：「嗯，葉片溼溼的。」

進行戶外活動是刺激孩子的感官並與孩子討論的好機會，可以向孩子介紹下雨、晴朗或多雲等天氣，並表達出自己當下的感覺。

形容詞與身體的感覺有密切的關聯，建議多描述身邊看得見的人、事、物，聽得見的聲音、氣味、觸感、味道等相關詞彙，幫助孩子擴展語言力及觀察力。

TALK PLAY 03

★一邊玩耍，一邊學習動詞★

透過肢體邊玩邊學的詞彙

各種戶外活動可說是動詞的天堂，例如：學習游泳、騎腳踏車、進行球類遊戲時，在兒童樂園玩遊樂設施時，都有機會學習到動詞，如果再加入修飾語，描述就會更加具體精確。

小詩和爸爸在公園玩，小詩最喜歡玩盪鞦韆了。

孩子：「爸爸，我要玩那個。」

爸爸：「好，我們去盪鞦韆。坐好，抓緊繩子喔！」

孩子：「嗯，抓繩子。」

爸爸（一邊推著鞦韆，一邊說）**：**「爸爸要推了喔！咻——盪上去囉！咻——又盪下來囉！」

如果孩子想玩溜滑梯，可以學習「上去／下來」、「滑下去／停下來」、「摔倒／站起來」等詞語。

進行戶外活動同樣是學習動詞的好機會，三歲半的小明和媽媽一起在游泳池玩水。

媽媽：「把手臂伸直。」

孩子（一邊把手臂向前伸，一邊啪啪啪的踢水）

媽媽：「用腳踢水，很棒！」

孩子（用腳踢水）

媽媽：「把頭抬起來。」

在指導孩子動作時，可以說「彎曲／展開」、「抬高／放下」、「抬頭／低頭／後仰」、「轉動／停下」等多個單詞，接著我們來看看學直排輪的例子吧！

爸爸：「抓好這裡。」

孩子：「這樣嗎？」

爸爸：「很好，接著把手放開。」

孩子（放開緊抓著爸爸的手）

爸爸：「把身體壓低，膝蓋微彎，手臂前後擺動，然後雙腳輪流往前踏出，很好，就是那樣！」

如果在動詞前後加入副詞的話，動作就會變得更具體。若是依照「時間的推進」告訴孩子動作，還能幫助孩子熟悉「時態」；也可以透過區分主體與對象，引導孩子了解「主動」和「被動」的差異。

- 「再踩快一點，就是那樣！做得很好喔！越來越往前了。」
- 「把雙手打開，現在把手臂向前滑。」
- 「要爸爸幫你把鞋子穿上嗎？還是你自己會穿呢？」

可以讓孩子學到動詞的各種活動

- 比腕力
- 在公園、運動場或遊樂園玩遊樂設施
- 溜滑板、溜直排輪、騎腳踏車
- 躲避球、足球、棒球、籃球等球類運動
- 用紙箱做汽車、機器人等手作
- 模仿舞蹈動作
- 吊單槓、在平衡木上行走、穿越障礙物

TALK PLAY 04

★同理並表達立場★

當孩子鬧脾氣時，大人該如何回應

孩子會耍賴、鬧脾氣，是因為他們認為這樣可以得到自己想要的東西，一旦他們學會用語言表達想法和意願，無理取鬧的強度和次數自然會減少許多。

太陽下山了，小美還在公園裡玩沙。

爸爸：「天快黑了，我們回家吧！」

孩子：「我還要玩這個。」

爸爸：「媽媽叫我們回家吃飯了。」

孩子：「我不要。」

爸爸：「那爸爸先回家囉！」

孩子（滿臉失望的望著爸爸）

孩子還想繼續玩，但是和家人一起吃晚餐也很重要。這時候，該怎麼引導對話比較好呢？把「那爸爸先回家囉」這句話，換成這樣的說法試試看。

爸爸：「天快黑了，我們回家吧！」

孩子：「我還要玩這個。」

爸爸：「時間不早了，該回家吃晚餐了，我們下次再來玩吧！」

孩子：「我不要。」

爸爸：「妳還想繼續玩沙嗎？」

孩子：「嗯，我還想要繼續玩。」

爸爸：「那只能再玩五分鐘，五分鐘到了就要回家囉，可以嗎？」

孩子：「好。」

爸爸讓孩子用言語表達出想繼續玩的心情，並決定再玩五分鐘就回家。五分鐘過後，孩子有可能還不想回家，大部分的孩子都會這樣。大人可以再妥協一分鐘，如果一分鐘以後孩子還是堅持繼續玩，那麼大人就再讓步一次。孩子獲得大人的幾次讓步後，回家的意願就會高很多。在這個例子裡，孩子透過言語表達出自己的需求，雙方都做了妥協，雖然晚了七分鐘吃晚餐，但對話是相當成功的。

翔翔跟著媽媽逛大賣場。

孩子：「這個。」

媽媽：「不行。」

孩子：「我要買。」

媽媽：「你又來了。」（無視孩子，準備離開）

孩子（一屁股坐到地上，開始大哭）

這種常見的情況下，「你又來了。」換成下面的說法，會發生什麼呢？

孩子：「這個。」

媽媽：「你是說火車玩具嗎？」

孩子：「嗯。」

媽媽：「不行。」

孩子（一屁股坐到地上，開始大哭）

媽媽：「你很想要火車玩具嗎？」

孩子（一邊哭，一邊點頭）

媽媽：「因為媽媽不讓你買，所以你生氣了嗎？」

孩子：「很生氣。」

媽媽：「原來我們翔翔是生氣了啊！」

孩子（觀察媽媽的臉色，繼續哭）

媽媽：「不過今天不能買，等你生日的時候，媽媽再買給你。」

孩子（繼續耍賴，媽媽抱起孩子離開）

雖然結果是一樣的，但對話的深度卻很不同。孩子下次遇到類似的情況時，比較不會再次耍賴和鬧脾氣，因為這次孩子用言語表達出自己的感受。

孩子之所以會鬧脾氣，是因為他們認為這是最有效的方法，要是可以因此得到他們想要的東西（這個例子中，孩子想要的是火車玩具），就算知道會惹大人生氣，他們也會一再嘗試。

從另一個角度來看，這樣的情況也提供了一個讓親子了解彼此感受的好機會，孩子會說他很生氣，而大人會說對不起。也有可能出現相反的情況，比如回到家後，媽媽試著和翔翔討論這件事。

媽媽：「你剛剛為什麼要坐在地上哭呢？」

孩子：「我很想要火車玩具。」

媽媽：「等你生日到了，媽媽一定買給你。」

孩子：「……」

媽媽：「但是下次不可以再那樣了，你那樣無理取鬧，我會很生氣。」

孩子：「好。」

如果孩子還小，在表達情感方面還不成熟的話，比起使用「媽媽」、「爸爸」、「兒子」、「女兒」這些家族稱謂，更建議使用「我」和「你」這樣的人稱代名詞，直接的表達。

建議可以說「我會很生氣」或是「你生氣了嗎？」，而不是說「媽媽會很生氣」或是

「兒子生氣了嗎？」。比起說「爸爸不是說過不可以了嗎？」，直接說「我不是說過不可以了嗎？」會更好。使用「我」這個詞，可以幫助孩子理解另一個「我」的存在，並接受對方的立場。

大約四至五歲時，孩子能夠理解表達情感的語句。建議大人透過對話，幫助孩子表達自己的需求和感受，先了解自己的需求和感受，才有辦法體諒他人。

TALK PLAY 05

★理解差異並學習比較★

在動物園裡可以學到的詞彙

在動物園裡，孩子能透過觀察，學習動物之間有哪些相似及不同的地方，有些動物長得很像，但又好像不太一樣。大人可以和孩子討論，讓孩子試著比較並說出想法。

敏書和爸爸一起來到動物園，敏書坐在爸爸的肩膀上，看到柵欄另一邊的大象。

孩子：「爸爸，是大象。」

爸爸：「哇，有大象耶，鼻子好長呀！」

孩子：「大象的鼻子很長。」

爸爸：「沒錯，聽說大象的鼻子就是牠的手喔！」

動物園裡有各式各樣的動物，非常適合孩子對不同的動物進行比較，練習說出相似與差異。

同樣的情況，如果用以下方式引導對話，會更有幫助。

孩子：「爸爸，是大象。」

爸爸：「哇，有大象耶，鼻子好長呀！」

孩子：「大象的鼻子很長。」

爸爸：「沒錯，像長頸鹿是脖子很長。」

孩子：「長頸鹿的脖子很長。」

爸爸：「對呀！大象是鼻子長，長頸鹿是脖子長，兩個不一樣。」

孩子：「不一樣嗎？」

爸爸：「嗯，不一樣。」

爸爸將眼前的兩種動物進行了比較，並告訴孩子差異，接著他們看到了斑馬。

孩子：「爸爸，斑馬。」

爸爸：「哇，是斑馬耶，牠的身上有條紋。」

孩子：「斑馬的身上有條紋。」

爸爸：「長頸鹿的身上也有花紋，跟斑馬很類似。」

孩子：「很類似？」

爸爸：「嗯，長頸鹿和斑馬很類似。」

有些動物的外觀很相似，但也有不一樣的地方。舉例來說，山羊和綿羊有相似的聲音和外觀（都有角），但是牠們的顏色可能不同；鯊魚和海馬長得不一樣，但是牠們都生活在海裡。

孩子三至四歲時，會開始理解事物之間的差異，並且能夠用言語表達出來。這個階段，可以親子一起討論這些差異處，並詢問孩子的看法，透過這樣的練習能幫助增加孩子的詞彙量，提升他們的思考能力。

可以練習表達比較的活動

- 在動物園裡比較動物的外觀、聲音和棲息地：「海狗和貓咪一樣都有鬍鬚。」
- 在超市食品試吃區比較口味：「桃子甜甜的，但這個有點苦，你要嚐嚐看嗎？」
- 比較樂器的聲音：「這個會發出砰砰的聲音，那個是叮叮的聲音。」
- 比較工具的用途：「這是釘釘子的時候用的，那是轉螺絲的時候用的。」
- 比較穿搭：「小豪戴了帽子，小強圍了圍巾，他們一定很暖和吧！」

TALK PLAY 06

★比喻屬性相似的事物★

可以學到比喻說法的活動

比喻能使對話變得更有趣，四至五歲的孩子聽到大人用比喻來表達一件事，他們可能會好奇詢問，對話因此變得更長，甚至變得深入。這些經驗會觸發孩子豐富的感受，對孩子的語言發展與思考能力有很大的幫助。

小宇在畫畫，他畫了一張臉，在臉上畫眼睛、鼻子和嘴巴，並塗上黑色的頭髮。

媽媽：「這是誰的臉呢？」

孩子：「士豪。」

媽媽：「士豪長這樣嗎？」

孩子：「嗯，這是士豪的臉。」

畫畫是很好的活動，可以讓孩子學習比喻的表達，讓我們稍微調整一下對話的內容。

媽媽：「這是誰的臉呢？」

孩子：「士豪。」

媽媽：「士豪長這樣嗎？臉是三角形的耶！好像一隻魷魚。」

孩子：「不是魷魚，是士豪。」

也可以像這樣：大人畫出三角形，然後詢問孩子。

媽媽：「你覺得這個像什麼？」

孩子：「三角形。」

媽媽：「除了三角形之外，還有一個有樹木、有小溪、我們會爬上去玩的地方。」

孩子：「山！」

媽媽：「沒錯，是山。」（在三角形上畫上樹木、小溪、小鳥。）

也可以畫出波浪圖案，詢問孩子像什麼，為什麼會這麼想。

媽媽：「那你覺得這個像什麼呢？」

孩子（仔細的思考後）**：**「皺紋。」

媽媽：「為什麼像皺紋呢？」

孩子：「因為它皺巴巴的。」

孩子不一定會回答波浪，他們可能會說小溪、霧或是煙等等，無論孩子的答案是什麼，都可以詢問為什麼，自然的延伸對話。

「像……一樣」、「如……般」是很常用的比喻句型：「如同大海一般的心胸」、「蘋果般的臉龐」、「像圓盤一樣的滿月」等，都是這樣的例子。用途和個性也可以作為比喻的對象，例如「嘴巴像刀子一樣利」、「天使般的心地」等。隱喻說法則更進一步，像是「我的心有如一片湖水」、「你是天上的星星」，有更豐富的想像空間。

和孩子對話時，不妨試著這樣說。

媽媽：「士豪的弟弟像小鴨一樣。」

孩子：「他不是小鴨，他是人。」

媽媽：「他是小鴨。」

孩子：「為什麼？」

媽媽：「因為他走起路來搖搖晃晃的。」

孩子（笑）

媽媽：「媽媽的髮夾像星星一樣。」

孩子：「為什麼？」

媽媽：「因為每天都閃閃發亮。」

像這樣的比喻說法，可以讓對話變得更好玩、更有趣。

TALK PLAY 07

★說說看哪裡變了★

讓孩子學習事物變化的詞彙

有些事物會隨著時間改變，觀察這些日常生活中的現象，和孩子討論變化前後的差異。那些原本被視為理所當然的事情，會帶給我們全新的感受。

蟬聲四起的夏日，小志與媽媽坐在長椅上吃冰淇淋，結果冰淇淋不小心掉到地上了。

媽媽：「冰淇淋掉下來了。」

孩子：「掉下來了。」

媽媽：「要小心一點呀！差點就沾到衣服了，下次吃的時候要小心拿好。」

孩子（點頭）

這個對話很簡單，但如果我們好好利用這樣的情況，把它當成一個契機，和孩子進行更深入的對話呢？

媽媽（指著柏油路上正在融化的冰淇淋，說）**：**「小志，你看。」

孩子（蹲在地上）

媽媽：（用手指著冰淇淋，說）**：**「冰淇淋融化了。」

孩子：「融化了。」

媽媽：「剛剛還硬硬的，現在都軟掉了。」

孩子（持續盯著冰淇淋看）：「它一直融化。」

媽媽：「對啊，再過一下子，它就會全部融掉，消失不見了。」

小琳想吃點點心，於是爸爸把冷凍食品放進微波爐，這時，大人和孩子一起觀察食物的變化。

爸爸：「小琳，妳過來看看。」

孩子（走近爸爸）

爸爸（遞給孩子冷凍食品）：「妳摸摸看，感覺如何呢？」

孩子：「冰冰的。」

爸爸：「很冰吧？那妳等等看它會變成什麼樣子。」（把冷凍食品放進微波爐裡，按下定時器。）

爸爸：「等定時器的數字變成0，就可以打開了。」

孩子（點頭）

爸爸（等微波爐停止運轉，一邊將食物拿出來，一邊說）：「怎麼樣？妳看它有什麼不一樣？」

孩子：「它在冒煙。」

爸爸：「對呀，把食物微波一下，它就變熱了。」

孩子：「它變熱了。」

做料理的時候，則可以進行這樣的對話。

爸爸（在攪拌盆中打入雞蛋）：「這裡有蛋黃和蛋白。」

孩子（一邊看著攪拌盆裡面，一邊說）：「蛋白，蛋黃。」

爸爸：「爸爸現在要攪拌它們，妳看等等會變成什麼樣子喔！」（用攪拌器攪拌。）

孩子：「轉來轉去的。」

爸爸：「對啊！妳看現在變得怎麼樣了？蛋白和蛋黃都混在一起了，顏色也變了，而且還有泡泡。」

孩子：「有泡泡。」

爸爸：「接下來要把它倒進鍋子裡面煎熟，煎成金黃色的，再等一下下，就會做出好吃的蛋捲囉！」

有些事物會隨著時間改變，觀察這些日常生活中的現象，和孩子討論變化前後的差異，那些原本被視為理所當然的事情，會帶給我們全新的感受。例如陽臺上種植的花草，或擺放在窗臺上的水耕蔬菜。建議大人和孩子每天幫植物拍照紀錄，並和孩子一起比對照片，觀察一週前和現在的樣子有什麼不同，這樣能讓孩子學會觀察，表達想法，也更了解植物的成長過程。

表達事物隨著時間變化的語句

- 做爆米花：「聽到爆開的聲音之後，玉米粒都鼓起來了！」
- 做冰棒：「放在冷凍庫裡，然後就結凍了。」
- 晾衣服：「把衣服晾在陽光底下，很快就乾了。」
- 手機充電：「手機插上線後，就開始充電了。」
- 玩黏土：「黏土越變越硬了！」
- 養小雞：「長出白色的羽毛了！」
- 觀察螞蟻活動：「出現新的螞蟻洞了！」
- 觀察種子活動：「發芽了。」

TALK PLAY 08

★定下事情的先後順序★

讓孩子學習先後順序的詞彙

孩子和大人一起做某件事時，如果可以定下順序，不但可以延長對話，還可以讓孩子學習有關時間先後的語句，大人和孩子也可以獲得合作的經驗。

兩歲半的小敏和爸爸來到公園，公園裡有鞦韆、蹺蹺板、攀爬架、溜滑梯，還有旋轉盤，小敏牽著爸爸的手，走向鞦韆。

爸爸：「小敏，妳想盪鞦韆嗎？」

孩子（點點頭）

爸爸：「好，來盪鞦韆吧！」

孩子（坐上鞦韆）

爸爸：「爸爸要推了，手要抓緊喔！」

這是一段普通的對話，如果我們在對話中加入玩耍的順序呢？

爸爸：「小敏，妳想盪鞦韆嗎？」

孩子（點點頭）

爸爸：「那妳玩完盪鞦韆之後，還想玩什麼呢？」

孩子（思考了一會）：「蹺蹺板。」

爸爸：「先盪鞦韆，接下來玩蹺蹺板嗎？」

孩子：「嗯，先盪鞦韆。」

爸爸：「好，那蹺蹺板等一下再玩。」

孩子：「好。」

對話很明顯延長了許多，讓我們來看一下在客廳玩積木的小建吧！

媽媽：「要不要給你這個？」

孩子：「嗯。」

媽媽：「你想要做什麼呢？」

孩子：「恐龍。」

媽媽：「要不要先做汽車呢？」

孩子：「不要，我要做恐龍。」

媽媽：「好，那我們先做恐龍，下一個再做汽車喔。」

孩子：「我不要，做完恐龍，下一個要做飛機。」

媽媽：「好，知道了。先做恐龍，做完恐龍之後，接下來再做飛機吧！」

能夠讓孩子學習前後順序的活動

- 製作與組裝：「輪子之後再做嗎？」、「要先把這個黏上去，然後才能再裝它。」
- 公園：「先盪鞦韆，接下來玩蹺蹺板嗎？」
- 在超市買東西：「要買洋蔥，也要買牛奶，我們先去哪一區呢？」
- 穿衣服：「要不要先穿襪子呢？」
- 收拾行李：「游泳圈最後再放進去吧！」

TALK PLAY 09

★預測結果★

讓孩子學習因果關係的詞彙

「會變得怎麼樣呢？」這句話是在現在的時間點，對未來的結果提出疑問，經過語句處理，會成為邏輯思維的基礎。建議大人一邊和孩子互動時，一邊詢問孩子「會變得怎麼樣呢？」

美娜和爸爸正在堆積木塔，堆得太高了，有點搖晃，但是爸爸還想再繼續疊。

爸爸（一邊拿起積木，一邊說）：「美娜，妳看。」

孩子：「不要。」

爸爸：「將將！」（積木一疊上去，塔就倒了。）

孩子：「爸爸討厭。」

和孩子開個小玩笑很有趣，但如果換成以下的對話方式呢？

爸爸（一邊拿起積木，一邊說）：「美娜，妳看。」

孩子：「不要。」

爸爸：「為什麼？爸爸再疊一個上去的話，會變得怎麼樣呢？」

孩子（思考了一下）：「會倒掉。」

爸爸：「真的嗎？真的會那樣嗎？」

孩子（點點頭）

爸爸：「將將！」（積木一疊上去，塔就倒了。）

孩子：「爸爸討厭。」

與前一個例子不同，對話變得更具體了。大人將最後一個積木疊上去之前，可以先請孩子推測結果，讓孩子有機會思考。

美娜的爸爸感到很抱歉，決定為她做一把橡皮筋槍。

爸爸：「美娜，爸爸要掛上橡皮筋了喔！」

孩子（觀察爸爸的手）

爸爸（一邊指著槍的握把，一邊說）：「如果扣下扳機，會發生什麼事情呢？」

孩子（一邊觀察一邊思考）

爸爸：「哦！橡皮筋彈到前面去了！」

孩子：「哇！橡皮筋彈出去了！」

詢問「會發生什麼事情呢？」，可以讓孩子透過語言理解「堆積木→倒下來」、「扣板機→橡皮筋彈出去」之間的因果關係。

和孩子一起在花盆埋下種子、澆水時，可以問孩子「種子長大後，會變得怎麼樣呢？」如果孩子有過種下種子後，看著它發芽、長出莖和葉子、最後綻放出花朵的經驗，應該比較容易回答；如果沒有實際的經驗，但曾在電視或書上看過，或是從大人那裡聽說過，也可以回答得出來。

用語言梳理總結，語言結構下的因果關係，會成為邏輯思維的基礎。

和孩子一起共讀故事書時，也可以預測結局。

- **「青蛙被施了魔法之後，會發生什麼事情呢？」**
- **「母雞離開院子之後，會變得怎麼樣呢？」**
- **「鼴鼠大了便之後，會發生什麼事情呢？」**

要回答這些問題，必須具備邏輯思考能力與想像力，答錯了也沒關係，只要親子一起思考和對話，就能為孩子的語言發展帶來很大的幫助。

可以讓孩子思考因果關係的問題

- 「開關打開的話，會發生什麼事情呢？」
- 「水滿出來的話，會發生什麼事情呢？」
- 「如果在這裡摔倒了，會變得怎麼樣？」
- 「如果不吃藥，會變得怎麼樣？」
- 「毛毛蟲長大後，會變得怎麼樣？」
- 「颱風來了會發生什麼事情呢？」
- 「如果都不下雨，會發生什麼事情呢？」

TALK PLAY 10

思考原因

讓孩子發展邏輯思考的語句

「為什麼會那樣呢？」是一個透過結果尋找原因的問題，透過對話來練習及培養邏輯思考能力。

小嫻和爸爸正在玩球。

爸爸：「爸爸要丟囉！接好喔。」

孩子（接住球，再次丟回去）

爸爸（突然停了下來）**：**「小嫻，妳的膝蓋怎麼了？」

孩子（看著自己的膝蓋好一陣子）**：**「摔倒了。」

爸爸：「怎麼會摔倒了？」

孩子（仔細回想。）

爸爸：「被石頭絆倒了嗎？」

孩子：「不知道。」

爸爸：「沒關係，我們先回家去擦藥吧！」

雖然小嫻知道自己受了傷，但直到爸爸詢問原因，她才回頭思考自己是怎麼受傷的。

東偉咳個不停。

媽媽：「你在咳嗽嗎？」

孩子：「嗯，我咳嗽。」

媽媽：「一定很不舒服吧？為什麼會咳嗽呢？」

孩子（思考了一會）**：**「我好像感冒了。」

媽媽：「原來如此，因為感冒所以咳嗽了，媽媽等一下拿藥給你吃。」

只要讓孩子回想思考一下，他們便可以找出與自己相關的原因，並且用話語表達出來，那麼接下來的例子呢？

東偉和媽媽一起看電視新聞。

媽媽：「你看，有救護車耶！怎麼了呢？」

孩子：「受傷了。」

媽媽：「啊，有人受傷了啊！怎麼辦，那些人一定很痛吧！為什麼會受傷呢？」

孩子：「因為被車子撞到了。」

媽媽：「啊，原來是那樣，因為出車禍了，所以他們受傷了。」

孩子一邊看著電視上的新聞，一邊觀察並回答了媽媽的問題。

如果詢問孩子下列問題，會怎麼樣呢？

- **「冰淇淋都融化了，為什麼會這樣呢？」**
- **「警察叔叔跑得好急，為什麼呢？」**
- **「地板好髒喔！為什麼會那樣呢？」**

第一個問題很容易回答，但第二個問題和第三個問題需要一些推理，答案有很多種，大人可以和孩子一起討論可能性。

用「會變得怎麼樣呢？」詢問結果，用「為什麼會那樣呢？」從結果回溯原因，前者運用演繹、後者運用歸納思考，對話可以充分培養這兩種能力。

讀故事書時，可以邊讀邊找原因

- 「王子為什麼會變成青蛙呢？」
- 「淘氣小企鵝為什麼要逃跑呀？」
- 「波力好傷心唷！為什麼會那樣呢？」

TALK PLAY 11

★嘗試假設★

同時培養邏輯思維與想像力的語句

要回答「萬一……」這種包含假設的問題，必須先整理現在或過去的事件，再推斷其結果。對孩子來說，這類問題回答起來較有挑戰性，但透過多向發展的對話，依然能帶來愉快的交流。

阿皓和爸爸一起看書。

爸爸：「於是青蛙王子就變成人了。」

孩子：「變成人了？」

爸爸：「嗯嗯，萬一青蛙王子再也見不到公主，會怎麼樣呢？」

孩子（思考了一下）**：**「會很傷心，然後就哭了。」

爸爸：「這樣啊，再也見不到面的話，就會傷心的哭了。」

小華和媽媽一起散步。

孩子：「媽媽，小狗狗。」

媽媽：「哇，有可愛的小狗狗！。」

孩子：「好可愛。」

媽媽：「牠的毛好蓬鬆唷！如果小狗狗身上沒有毛的話，會怎麼樣呢？」

孩子（思考了一下）：**「會很冷。」**

媽媽：「嗯，沒有毛的話會很冷。」

回答「如果……」、「萬一……」開頭的問題，必須重新架構現在或過去的事件。雖然書上說青蛙王子最後見到了公主，但爸爸既然這樣問，孩子就必須拋除已知結果，重新想像王子沒有遇到公主的情況，也就是模擬和推斷新的結果。需要同時思考兩件事，孩子可能會感到困惑。不過「萬一……」這種包含假設的問題沒有標準答案，可以自由想像，一般來說，孩子都不會排斥。

在講故事或看卡通的時候，可以參考以下方式詢問孩子。

媽媽：「如果小恐龍沒有迷路的話，現在會變得怎麼樣呢？」

書上寫小恐龍迷了路，所以無法見到淘氣小企鵝和艾迪，但媽媽竟然說小恐龍沒有迷路？如果孩子這時的思考陷入混亂，大人可以給予線索。

媽媽：「小恐龍沒有迷路，還會見到淘氣小企鵝和艾迪嗎？」

這個問題沒有標準答案，小恐龍也有可能會因此見到森林村莊裡的其他朋友，對話也許會這樣接續下去。

孩子：「小恐龍迷路了好可憐。」

媽媽：「如果小恐龍沒有迷路，會見到淘氣小企鵝和艾迪嗎？」

孩子：「見不到。」

媽媽：「它可能見不到淘氣小企鵝和艾迪，那會不會遇見其他朋友呢？」

對話中加入「如果……」能同時培養邏輯思維和想像力，一邊與孩子對話，一邊交流彼此的想像吧！

用「如果……」提問，培養邏輯思維和想像力

- 散步時：「**如果**太陽都不出來，會發生什麼事情呢？」
- 一起吃飯：「**如果**沒有均衡攝取營養的話，會變得怎麼樣呢？」
- 睡覺之前：「**如果**都不刷牙，牙齒會變得怎麼樣呢？」
- 看圖片的時候：「**如果**豬有翅膀，會怎麼樣呢？」
- 看卡通的時候：「**如果**你是小恐龍，你的心情會怎麼樣呢？」

TALK PLAY 12

★利用「但是」轉換對話主題★

提升親密感的雙向對話

「但是」可以發揮轉換話題的作用。活用「但是」，能將孩子主導的話題，轉移到大人的談話中，讓孩子理解「對話是雙向的」。

小智剛從幼兒園放學，走下校車之後，就跑向爸爸。

孩子：「爸爸，我今天去了草莓農場，那裡有一隻很大的狗。」

爸爸：「好，知道了，我們先回家吧。」

孩子：「那隻狗真的很大，這——麼大。」

爸爸：「媽媽叫我們趕快回家了。」

孩子（悶悶不樂）

孩子想分享他在農場裡看到的大狗，但爸爸卻不感興趣，孩子和大人感興趣的事物經常不同，會讓對話不夠順暢自然，這時候該怎麼做呢？

孩子：「爸爸，我今天去了草莓農場，那裡有一隻很大的狗。」

爸爸：「真的嗎？有多大隻？」

孩子：「跟大象一樣大。」

爸爸：「真的呀？太誇張了。」

孩子：「是真的！超級大隻的。」

爸爸：「聽起來很有趣，但是爸爸現在心情不太好。」

孩子：「為什麼？」

爸爸：「剛剛公司傳訊息給我。」

孩子：「什麼訊息？」

爸爸：「有一個新的工作要做。」

孩子：「爸爸很忙嗎？」

爸爸：「沒關係，等爸爸工作結束之後，下禮拜帶你去動物園玩，我們一起去動物園看大象！」

孩子：「好耶！」

小芳在客廳裡看電視，媽媽從房間裡走了出來。

孩子：「媽媽，我想要買那個！」

媽媽（正在換衣服，沒有認真聽）

孩子：「媽媽買給我！」

媽媽：「媽媽很忙！等一下再說。」

孩子（悶悶不樂）

媽媽正好要出門，這時候該如何接續對話呢？

孩子：「媽媽，我想要買那個！」

媽媽（正在換衣服）

孩子：「媽媽買給我！」

媽媽：「買什麼東西？」

孩子：「小荳荳家家酒。」

媽媽：「這樣啊！但是媽媽現在必須去一趟文具店。」

孩子：「為什麼？」

媽媽：「我忘記準備明天上班要用的東西了。」

孩子：「打給爸爸呀！」

媽媽（思考了一下）**：**「對耶！打給爸爸就好了，請爸爸下班的時候，順便幫我買回來。」

孩子：「對呀，那樣就行了。」

媽媽：「媽媽都沒想到這個方法呢，謝謝妳。」

聆聽孩子說話固然重要，但有時大人也有很多話要說，這時可以用「但是」來轉換話題，誠實的告訴孩子目前遇到的問題。這樣一來，對話時間會變長，親子間的親密感也會增加，有時候孩子還能想到一些大人想不到的好方法呢！

TALK PLAY 13

★練習有條理的說話方式★

引導孩子系統式表達

如果孩子說的話越來越長，或是一口氣說了過多主題，讓人抓不到重點，大人必須協助孩子學習有條理的表達想法。

大多數孩子到了五至六歲時會非常愛講話，一抓到機會就跟大人講述自己的經驗、分享聽到的故事，有時候會因為一次說了太多事情，把自己和大人都搞得暈頭轉向。

這個時候，大人可以引導孩子練習如何有條理的表達。「有條理」意味著說話時有清楚的結構和連貫性。如果缺少重要細節或是前後不連貫，聽者會難以理解重點。有條理的表達能力需要持續練習，接下來我們將逐步說明。

◆鎖定一個話題

小月剛從幼兒園回來，爸爸問她今天幼兒園裡發生的事情。

爸爸：「妳今天做了什麼呀？」

孩子：「我幫馬鈴薯澆水，還有用水彩畫畫，可是小燦和士豪吵架了，老師叫他們不要吵架，之後小燦就哭了，我的鞋子上面沾到泥土了！（一邊環視屋內，一邊說）媽媽呢？」

爸爸：「媽媽去超市了。」

孩子講述幼兒園裡發生的各種事情，而大人以回答孩子最後一個問題來結束這段對話。

如果我們從孩子所說的事情當中，選出一個來當作對話主題，會變得怎麼樣呢？

爸爸：「妳今天做了什麼呀？」

孩子：「我幫馬鈴薯澆水，還有用水彩畫畫，可是小燦和士豪吵架了，老師叫他們不要吵架，之後小燦就哭了，我的鞋子上面沾到泥土了！（一邊環視屋內，一邊說）媽媽呢？」

爸爸：「有小朋友吵架了啊？」

孩子：「嗯，小燦和士豪吵架，然後就哭了。」

爸爸：「為什麼會吵架呢？」

孩子：「不知道，聽說士豪推他。」

爸爸：「最後怎麼樣了？」

孩子：「老師叫他們不要吵架，士豪打人，然後小燦就哭了。」

爸爸：「原來如此，喔，媽媽去超市了」

或是討論「種馬鈴薯」的話題。

爸爸：「妳今天做了什麼呀？」

孩子：「我幫馬鈴薯澆水，還有用水彩畫畫，可是小燦和士豪吵架了，老師叫他們不要吵架，之後小燦就哭了，我的鞋子上面沾到泥土了！（一邊環視屋內，一邊說）媽媽呢？」

爸爸：「妳幫馬鈴薯澆水了啊？」

孩子：「嗯，我今天種了馬鈴薯。」

爸爸：「真的嗎？那之後就可以吃到馬鈴薯了？」

孩子：「嗯，老師說等三個月之後，就可以吃馬鈴薯了。」

爸爸：「原來如此！今天種了馬鈴薯，還幫馬鈴薯澆水了，真棒！對了，媽媽去超市了。」

在孩子講述的各種事情當中，選出一件比較重要的事情，針對它提出問題。藉由這個方式，定下對話的主題，整段對話也變得更長、更有意義。

◆維持主題

如果孩子說的話內容較為凌亂，請注意是否有離題，也就是從這一件事情，突然跳到另一件事上，講著講著又開始一個新的故事，這時可以參考以下方式。

小燦正在看電視。

爸爸：「你在看什麼呢？」

孩子：「淘氣小企鵝。」

爸爸：「演了什麼故事呀？爸爸也想知道，你說給爸爸聽。」

孩子：「好，淘氣小企鵝跟好朋友們一起住在森林裡的村莊。」

爸爸：「真的啊？然後呢？」

孩子：「有一天晚上，他的家裡遭小偷。」

爸爸：「哎呀，大事不妙了，然後呢？小企鵝發生了什麼事？」

孩子：「爸爸，你有看到我的色紙嗎？」

爸爸：「怎麼了？」

孩子：「我要摺色紙。」

爸爸：「是嗎？爸爸等一下找給你，你說淘氣小企鵝家裡遭小偷了嗎？」

孩子：「嗯，所以就報警了，警察抓到犯人，犯人就是小恐龍。」

爸爸：「那怎麼辦？」

孩子：「小恐龍說他是為了嚇小企鵝，所以才惡作劇的。」

爸爸：「啊哈，原來是那樣啊！那就好，爸爸去幫你找色紙。」

爸爸把話題轉回到小企鵝上，協助孩子不離題，把淘氣小企鵝的故事說得更完整。

◆按照時間順序講述

小燦今天去了幼兒園。

孩子：「我在幼兒園裡看了玩偶劇。」

媽媽：「是嗎？什麼玩偶劇？」

孩子：「青蛙王子的冒險。」

媽媽：「哇！一定很有趣吧！說給媽媽聽好嗎？」

孩子：「青蛙王子和公主結婚了。」

媽媽：「啊，原來是那樣啊！這樣就沒了嗎？要不要從頭開始說？從前從前怎麼樣？」

孩子：「從前從前有一個王子。」

媽媽：「然後他發生了什麼事呢？」

孩子：「魔法師把王子變成青蛙了！」

媽媽：「天啊，糟糕了！那怎麼辦？」

孩子：「變成青蛙的王子逃跑到很遠的地方。」

媽媽：「哇！他一定很害怕吧！」

（故事繼續往下說）

孩子：「從今以後，兩個人過著幸福快樂的生活。」

持續了很長一段時間的對話，以「從今以後，兩個人過著幸福快樂的生活」結束。大人提出「要不要從頭開始說？」，幫助原本要結束對話的小燦從頭開始敘述，也讓他學會跟隨時間順序，重述青蛙王子的遭遇：發生了什麼事，到後來變成什麼樣子。讓整個故事更有條理。

◆選出重要的事件

小月和爸爸一起看故事書，爸爸唸了故事書裡的一個片段。

爸爸：「天空正下著雨，一隻小兔子在森林裡哭泣，小兔子的媽媽不見了，這時，一隻野狼出現了。小兔子躲進一塊岩石的後面，野狼問松鼠：『松鼠啊，你看到兔子了嗎？』松鼠搖了搖頭，小兔子摺起耳朵，屏住呼吸。」

孩子（靜靜的聽）

爸爸：「小月，森林裡發生了什麼事情？」

孩子：「下雨了。」

爸爸：「還有呢？」

孩子：「松鼠在吃橡果。」

爸爸：「真的，然後發生了什麼事呢？」

孩子：「牠跟野狼說沒有看到小兔子。」

爸爸唸的故事中，有多個事件，松鼠吃橡果也是其中之一，看來小月對松鼠印象最深。然而這個故事的主要事件，是小兔子因為找不到媽媽而難過哭泣，以及野狼企圖吃掉小兔子。如果漏掉這兩件事，故事的核心就沒有了。遇到這樣的情況，建議重組故事架構，再說給孩子聽。

爸爸：「小月，森林裡發生了什麼事情啊？」

孩子：「下雨了。」

爸爸：「還有呢？」

孩子：「松鼠在吃橡果。」

爸爸：「真的啊！然後發生了什麼事呢？」

孩子：「牠跟野狼說沒有看到小兔子。」

爸爸：「嗯嗯，那麼是誰在哭呢？」

孩子：「小兔子。」

爸爸：「小兔子為什麼哭呢？」

孩子：「牠的媽媽不見了。」

爸爸：「小兔子找不到媽媽啊！然後呢，誰出現了？」

孩子：「野狼。」

爸爸：「野狼想把小兔子抓起來吃掉，所以小兔子躲到岩石後面。」

孩子：「小兔子躲起來了。」

爸爸：「對啊！小兔正因為找不到媽媽而哭泣，這時野狼出現了，小兔就躲在一塊岩石後面。接下來會發生什麼事情呢？小兔子不可以被野狼吃掉！好想知道喔！我們要不要看下一頁？」

對話中，爸爸透過詢問孩子「那麼是誰在哭呢？」，將孩子的注意力轉向小兔子，協助孩子回到故事的主脈絡裡繼續講述。

◆表達因果關係

小燦也在讀同一本書呢！媽媽唸了下一頁的故事給小燦聽。

媽媽：「野狼流著口水四處遊蕩，突然間地面陷了下去，牠掉進了一個洞裡，原來是獵人設下的陷阱。野狼大喊：『誰來救救我啊！』小兔子從岩石後面走出來，小心翼翼的靠近野狼，說：『如果你告訴我我的媽媽在哪裡，我就幫你。』。野狼苦苦哀求：『我知道你媽媽在哪裡，求求你把我救出去吧！』於是，小兔子晃了晃頭，耳朵越變越長，野狼抓著小兔子那如同繩索般的長耳朵，爬出陷阱，說：『你的媽媽在貓頭鷹的巢裡。』」

孩子（靜靜的聽著故事）

媽媽：「小燦，這裡發生了什麼事情呢？」

孩子：「野狼掉到陷阱裡面去了。」

媽媽：「原來是那樣啊！然後呢，後來變得怎麼樣了？」

孩子：「野狼說媽媽在貓頭鷹的巢裡。」

這個段落的關鍵事件是小兔子把野狼從陷阱中救了出來，以及野狼告訴小兔子它的媽媽在哪裡。這兩個事件核心之間存在著因果關係，因此孩子沒提到的小兔子救野狼也很重要，可以透過問孩子「為什麼？」挖掘兩件事之間的關係。

媽媽：「小燦，這裡發生了什麼事情呢？」

孩子：「野狼掉到陷阱裡面去了。」

媽媽：「野狼掉到陷阱裡面去了，小兔子做了什麼事情呢？」

孩子：「牠救了野狼。」

媽媽：「為什麼要救牠？」

孩子：「野狼說會告訴牠，媽媽在哪裡。」

媽媽：「原來是那樣啊！所以野狼就告訴小兔子媽媽在哪裡了嗎？」

孩子：「嗯。」

媽媽：「野狼掉進陷阱，小兔子救了牠，所以野狼就告訴小兔子媽媽在哪裡，你說說看。」

孩子：「小兔子救了野狼，所以野狼就告訴小兔子媽媽在哪裡。」

大人引導孩子將焦點放在小兔子的舉動上，並透過問「為什麼？」，讓孩子理解小兔子救野狼和小兔子得知媽媽在哪裡之間的因果關係。

閱讀一本書或在談論經驗的時候，可以向孩子指出重要的事件和行為，以及事件之間的因果關係，能讓孩子更加理解故事的重點並練習表達。

練習有條理的表達的五種方法

- 鎖定一個話題
- 維持主題
- 跟隨時間走向表達
- 選出重要的事件
- 理解因果關係

TALK PLAY 14

★孩子任性說「不要！」的時候，大人可以這樣做★

當孩子抗拒時，建議運用的對話法

當孩子把「不喜歡」、「我不要」、「討厭」掛在嘴邊，並開始追問「為什麼？」、「為什麼不可以？」的時候，親子之間便經常開始爭執，這時請透過各種方式，耐心與孩子溝通。

嬰兒聽到「不可以」、「停下來」這些話的時候，就會停下手邊的動作，並看著大人的眼睛，這是他們理解「禁止」的自然反應。和「吃飯飯囉」、「過來這裡」、「睡覺覺吧」等指示一樣，孩子都可以理解並遵從。但孩子不想遵從會如何反應呢？嬰兒無法用言語表達，會用搖頭或揮手的動作來表示。

孩子會說話之後，除了做出抗拒的動作，還會說出「我不要」、「我不喜歡」、「討厭」等話語來拒絕。大一點的孩子還會追問理由，「為什麼？」、「為什麼不可以？」大人應該如何透過對話，來應對孩子的拒絕呢？

◆一至二歲：大人代為解釋孩子拒絕的原因

這個時期的孩子可以理解生活中常見的事物名稱，以及簡單的動詞，但詞彙量還不多，表達也還很生疏，因此很難用語句自我表達，對大人來說，要了解他們拒絕的原因並不容易。

準備出發回鄉下過節，爸爸讓一歲半的小智坐在安全座椅上，試圖幫他繫上安全帶。

孩子（一邊吵著不要繫安全帶，一邊蹬腿）

爸爸：「**乖乖坐好，這樣繫不了安全帶！**」

孩子（坐好沒多久，又開始蹬腿）：「**我不要！**」

爸爸：「**不可以！一定要繫安全帶，不然會受傷！**」

孩子（用拳頭打爸爸的臉）：「**我不要！**」

爸爸（用生氣的口吻說）：「**不可以打人！我要生氣了！**」

孩子（一邊哭，一邊揮舞著拳頭）

爸爸對孩子的突發行為感到驚訝不解，雖然經過一番折騰後，還是準時出發了，但大人和孩子的心情都不好，小智為什麼會這樣呢？

這個年齡層的孩子，抗拒行為背後的原因有很多，可能是餓了、累了、想睡覺等，大人可以先詢問這幾個可能性最大的原因，請參考以下對話內容。

爸爸：「**想睡覺了嗎？**」

孩子：「想睡覺。」

爸爸：「好，爸爸抱你，快睡喔。」（把孩子抱在懷裡一陣子後，再讓孩子躺到座椅上，並為他繫好安全帶，然後開車出發。）

大人透過詢問了解孩子的狀態，並作出回應。也可以用選擇型的問題，讓孩子回答。

如果孩子既不想睡覺，肚子也不餓，那麼很可能只是單純討厭坐車，汽車行駛時的振動和噪音讓他感到不舒服。這時，大人可以運用以下的方式進行對話。

爸爸：「不舒服嗎？」

孩子：「不舒服。」

爸爸：「那我們要先休息一下再出發嗎？還是要到休息站，一邊吃好吃的，一邊休息呢？」

爸爸：「你不想去嗎？」

孩子：「不想。」

爸爸：「可是今天是中秋節，爸爸一定要回爺爺家才行，那我們晚上買好吃的跟爺爺一起吃，你晚餐想要吃義大利麵，還是披薩呢？」

從孩子的立場來看，有選擇的提問就像給出解決方案一樣。

◆三至四歲：透過對話找出孩子拒絕的原因

孩子進入這個年齡層之後，詞彙量會急速增長，能用形容詞來表達想法和狀態，也能回答原因和方法，大人更容易了解孩子的狀況。而孩子語法的進步，讓他們可以用條件句表達，或透過解決對策來「說服」大人。

轉眼間，已經三歲半的小智又必須坐車跟著爸爸回爺爺家。

孩子（一邊吵著不要繫安全帶，一邊蹬腿）

爸爸：「乖乖坐好，這樣繫不了安全帶！」

孩子（坐好沒多久，又開始蹬腿）**：**「我不要！」

爸爸：「不可以！一定要繫安全帶，不然會受傷！」

孩子「我不想去！」

爸爸：「為什麼不想去？」

孩子：「不舒服。」

爸爸：「不舒服嗎？哪裡不舒服？」

孩子「位子好擠。」

爸爸：「因為太擠所以不舒服啊？爸爸知道了，那我們把安全帶拉鬆一點點試試看。」

和小時候相比，對話發生了很大的變化。大人問孩子「為什麼不想去？」，孩子回答「位子好擠，不舒服。」，於是大人幫孩子調整安全帶，幫他消除不舒服的感受。

了解孩子鬧脾氣的原因，也可以這樣詢問孩子。

- 「不舒服的話，要不要換個位子？坐哪裡好呢？」
- 「要不要把窗戶打開一點點？」
- 「要不要把外套脫掉？」

這個時期的孩子可以充分使用語言說明自己的狀態，因此建議大人透過對話來了解，詢問孩子理由，一起找出解決問題的對策。

◆五至六歲及之後：引導孩子了解當前的情況

當孩子成長到這個時期，專注力會提高，也能夠理解及表達複雜的語句，語言思維已經發展到可以理解「比喻」和「間接表達」的程度，因此對話需要設立「基準」，不要反反覆覆。

大人必須更有邏輯的解釋為什麼應該做某些事，讓孩子了解行為會造成影響，幫助孩子從不同面向了解當前情況。

孩子（一邊吵著不要繫安全帶，一邊蹬腿）

爸爸：「乖乖坐好，這樣繫不了安全帶！」

孩子：「我不要繫安全帶。」

爸爸：「不可以！一定要繫安全帶，不然會受傷！」

孩子：「繫了很不舒服，我不要繫！」

爸爸：「如果沒有繫安全帶，萬一發生事故了，會受很嚴重的傷，所以大家都要繫安全帶。」

孩子：「小心一點開車就好了啊！」

爸爸：「你說的沒錯，可是無論再怎麼小心，還是有可能會發生意外。」

孩子：「為什麼會發生意外？」

爸爸：「有可能後面的車子撞上來，或是路上的小貓小狗突然衝出來呀！而且不繫安全帶還要繳罰金喔！」

孩子：「罰金？」

爸爸：「對啊，萬一要繳罰金，那可就不好了！」

大人透過說明不繫安全帶的後果來說服孩子，這樣的對話，可以使孩子理解為什麼明明繫安全帶不舒服卻必須忍受。不是一味的發號施令，而是仔細說明，可以減少孩子自己的主張被忽略的感受。

孩子表現出拒絕行為的應對方法

- 一至二歲：由大人說出孩子的狀態和拒絕的原因，並讓孩子選擇接下來的做法
- 三至四歲：詢問孩子拒絕的原因，並提供解決辦法
- 五至六歲及以後：透過預告行為的結果，以及考慮他人的立場，來說服孩子

TALK PLAY 15

★當孩子鬧脾氣時，透過對話化解★

制止孩子耍賴的話語

有時候，孩子會突然鬧起脾氣，而大人完全無法控制。在這種情況下，建議適度的認同孩子的心情並提供解決方案。孩子感受到自己被關心，鬧脾氣的情緒會得到紓解，也更願意用言語來表達自己的想法。

如果孩子很容易就接受了大人的提議，不再鬧脾氣的話，那是最好的。然而，很多時候並非如此，尤其是一至二歲的孩子還不太會說話，經常會突然耍賴，我們再看一次先前的例子。

孩子（一邊吵著不要繫安全帶，一邊蹬腿）

爸爸：「乖乖坐好，這樣繫不了安全帶！」

孩子（坐好沒多久，又開始蹬腿）**：「我不要！」**

爸爸：「不可以！一定要繫安全帶，不然會受傷！」

孩子（用拳頭打爸爸，一邊說）**：「我不要！」**

爸爸（用生氣的口氣說）**：「你在做什麼？爸爸要生氣了！」**

孩子（一邊哭，一邊繼續打爸爸）**：「我討厭爸爸。」**

孩子很生氣，但打人是不對的，大人必須立刻制止這樣的行為，建議嘗試以下方式。

孩子（用拳頭打爸爸）**：「我不要！」**

爸爸（冷靜的抓住孩子手腕）**：「你不要繫安全帶嗎？」**

孩子：「不要。」

爸爸（冷靜且堅定的說）**：「原來不要繫安全帶啊！所以才生氣嗎？」**

孩子：「我不要繫，我生氣了。」

爸爸：「爸爸知道了，但是一定要繫安全帶才行，不繫的話會受傷。」

孩子（不停的哭，並想要動手打人。）

爸爸（抓著孩子手腕，並用冷靜堅定的語氣說）**：「不要動手打人，我不會讓你打人。」**

大人讓孩子用言語表達感情後，制止住孩子的行為，同時使用「我」這樣的人稱代名詞，明確禁止打人等問題行為。

孩子出現激烈的抗拒行為，初期的應對很重要，萬一孩子耍賴已到了無法控制的程度，請試著使用以下方法。

媽媽：「現在該走了，回家吧！」

孩子：「我不要。」

媽媽：「不行，時間到了。」

孩子：「不要回家！」（拿起玩具亂丟）

媽媽（用冷靜沉穩的語氣說）：「還想再玩久一點嗎？那你好好用說的。」

孩子：「我還想玩。」

媽媽：「如果亂丟玩具，就不可以再玩了，你先說對不起，說完我們再玩五分鐘，好嗎？」

孩子：「對不起。」

媽媽：「那先把玩具拿回來，好嗎？」

孩子（乖乖把玩具拿回來）

首先讓孩子用語言表達想法及感受，然後再給孩子多玩五分鐘的獎勵。孩子有了先用言語表達感受的經驗，下次想丟玩具之前，就會直接向大人表達「想再玩久一點」。孩子無理取鬧時，請將他們的欲望（想玩）和無理取鬧（丟玩具）分開來應對。欲望需要一定程度的被理解與讓步，才能讓鬧脾氣的行為緩和下來，之後再以話語來說服，階段性的接近大人希望的目標或規範。也可以像以下方式一樣，給予孩子選擇權。

媽媽：「現在回家，還來得及看卡通喔！繼續玩就看不到了，你要現在回家呢？還是要繼續玩呢？」

孩子：「我還要玩。」

媽媽：「好，那就再玩一下吧。」

大人提出了選擇方案，雖然這次孩子選擇繼續玩，但是下次說不定就會願意整理玩具回家了。

這樣的對話有助於孩子了解並表達自己的想法，透過給予選擇權，也能讓孩子感到被關心，用對話有效緩和與減少孩子的耍賴行為。

當孩子無理取鬧時的對話要點

- 將孩子的行為與欲望區別
- 沉著、冷靜的控制住孩子的行為
- 讓孩子用言語表達自己的欲望和感受
- 在孩子用言語表達後，給予獎勵
- 提供孩子選擇方案

◆控制孩子鬧脾氣時，需要注意的地方

鬧脾氣是自然的成長過程

孩子在鬧脾氣的同時，其實也在觀察這位大人是不是值得信任的人。這是一種「試探」，也是每個孩子的成長過程中都會出現的行為。孩子真正想要的是一位能讓他感到安心，並且能依靠的大人，初期的鬧脾氣行為其實蘊含著試探的意義。

因此不需把孩子的無理取鬧，視為針對個人的行為。如果大人覺得「這小孩在無視我」或「孩子在頂撞我」，而跟著激動起來，就掉入了孩子的情緒黑洞。孩子無理取鬧時，大人務必要保持沉著冷靜。

禁止和干預是有區別的

在進行諮商時，常會遇到兩種父母，一種是幾乎對每件事都說「不行」、不斷限制孩子行為的父母；另一種則是對孩子毫無設限，用允許來應對所有需求的父母。大人過度介入孩子的行為，會削弱孩子的自主性，但孩子需要界線，無上限的允許也會讓孩子感到焦慮和無所適從。請不要將孩子限制在狹窄的框架裡，也不要放任他們獨自站在原野中。

對孩子說「不行」的基準

當大人想對孩子說「不行」來規範行為時，建議從以下三個基準判斷。

- 是否安全？
- 是否會造成他人的困擾？
- 是否違背社會常理？

根據上述的基準，當孩子表現出不安全的行為（懸吊在危險地方、觸摸尖銳物體等），造成麻煩或他人困擾（毆打他人、亂摸商店裡的物品等），以及違背社會常理（在公共場所裸露身體）時，大人必須堅決禁止，對孩子說「不行」。

然而，當孩子的行為只是不符合大人的期待（例如：堅持要穿某件衣服），或是引起別人的注意（例如：在路上唱歌），以及以自我為中心（例如：吵著要別人陪玩）時，大人需要思考在這些情境下對孩子說「不行」，是否真的合適。「不行」這句話，必須是出於為孩子著想，而不是大人為了滿足面子而說出的指令。

TALK PLAY 16

★孩子說話太快或太慢★

透過呼吸調整語速

試著讓孩子在一口氣中，發出比平時少一些或多一些的聲音，來調整說話速度，避免出現上氣不接下氣的狀況。

說語的速度會影響表達和對話的流暢度，語速太快，使人難以理解；語速太慢，使人陷入等待，對方很難及時傳達自己要說的話。

說語的速度通常與呼吸有關。說話發出聲音的動作，只在呼氣的時候發生，這表示我們無法在吸氣的時候說話。說話太快，意味著一口氣說了太多，反之，意味著每次呼氣時，說出的話相對較少。因此，想要語速適當，就要在每次呼氣時說出適當數量的話。

看起來好像有點複雜，但我們下意識中都在做這件事情。日常生活中，沒有人會意識到自己的呼吸，但如果說話太快，導致上氣不接下氣，或說話時需要換氣好幾次，則代表說話習慣需要調整。

TALK PLAY 17

★必須使用人稱代名詞的原因★

用「我」和「你」與孩子對話，能充分傳達情感

與孩子發生爭論的時候，孩子不聽話、鬧脾氣的時候，請試著在對話中用「我」代替「媽媽」或「爸爸」，用「你」代替「兒子」或「女兒」，孩子的反應會因為說法不同而有所改變。

「我」是誰？讓我們從孩子的角度來思考看看。

有一個小孩，大家都叫他「小燦」。那麼，小燦所說的「我」就是「小燦」。所以孩子剛開始學會說話的時候，都會用自己的名字稱呼自己。小燦不說「給我」，而說「給小燦」。另一個孩子是住在隔壁的士豪，和小燦稱呼對方時會說「你」，稱自己為「我」，這樣，小燦和士豪學到用「我」稱呼自己，用「你」稱呼對方。

學到「我」和「你」這些人稱代名詞，是孩子認識他人的重要轉折點，這個過程會一直持續到孩子兩歲，但大人很少在和孩子的對話中使用它們，更常使用表示職位或是角色的詞語。然而，我們來看一下英文電影裡的一個場景。

孩子：「What are you doing here?」（媽媽在這裡做什麼？）

媽媽：「Why?」（怎麼了？）

孩子：「There's a zombie!」（殭屍出現了！）

媽媽：「Oh my god. Get out of here! Right now!」（我的天啊！趕快逃！）

英文句子裡完全沒有出現「媽媽」，孩子使用「you」，也就是「你」，但一般家長會認為「媽媽（爸爸）在這裡做什麼？」比較符合小孩說話的方式和習慣。

學校老師和家長之間也不常使用「你」這個詞，而是會稱呼「小燦媽媽」、「小月爸爸」、「小勛爺爺」、「琪琪奶奶」等，大人習慣以特定的角色來認知自己和別人，與孩子對話時也是如此。

媽媽：「兒子，在幹嘛？」

孩子：「在玩黏土。」

媽媽：「哇，好像很好玩，媽媽也可以一起玩嗎？」

孩子：「我要騎腳踏車。」

爸爸：「好啊！寶貝女兒，要出門去騎腳踏車嗎？」

孩子：「嗯。」

爸爸：「好，爸爸去拿手套和安全帽。」

對話很自然，不過有一點不足，對話中的「我」和「你」，都被「媽媽」、「爸爸」、「兒子」和「女兒」這些詞取代了，我們偶爾需要打破這樣的習慣。

媽媽：「給我吧，我來用。」
孩子：「不要，我要用。」
媽媽：「聽我的話，不要受傷了。」
孩子（開始鬧脾氣）
媽媽：「不要鬧脾氣，我要生氣了。」

用了「我」這個詞，整個對話變得更親密了。因為「我」展現了自己，而不是扮演「媽媽」或「爸爸」那樣的角色。

對話中使用人稱代名詞，可以充分傳達出說話者的情感和意志，大人會更坦誠，孩子也會感到與大人更親近。

這樣的溝通方法在衝突中特別有效，當大人和孩子發生爭執的時候、或是當孩子不聽話或鑽牛角尖的時候，建議用「我」，而不是「媽媽」或「爸爸」來展開對話。比起說「兒子」或「女兒」，請試著說「你」，孩子的反應會有所改變。

TALK PLAY 18

★自然而然形成對話★

透過遊戲展開對話

並不是喊一聲「對話開始！」，對話就可以馬上展開。展開對話需要話題，玩遊戲、看照片、講故事、做手作等，都是展開對話的好方法。

對話需要契機，如同製作健康的食物需要優質的原料一樣，豐富的對話必須有好的話題。玩遊戲就是很好的方式，遊戲中可以不停的對話，遊戲結束後，也可以將這次經驗當作對話的素材。

介紹以下幾個活動，建議透過它們與孩子自然的展開對話。

◆角色扮演

顧名思義，就是每個人扮演一個角色的遊戲。孩子在扮家家酒遊戲中，會扮演媽媽、爸爸和孩子等角色；醫院遊戲中，扮演醫生和病人；商店遊戲中則扮演顧客和老闆。因為身分和話題都很明確，所以很容易進行相關對話。

媽媽：「叮咚，有人在嗎？」

孩子：「請問是誰？」

媽媽：「我是客人。」

孩子：「請進。」

媽媽：「請問有賣蘋果嗎？」

孩子：「有。」

媽媽：「一顆蘋果多少錢呢？」

孩子：「五十元。」

媽媽（一邊給錢，一邊說）**：**「請給我一顆蘋果。」

孩子（一邊遞出蘋果，一邊說）**：**「在這裡。」

小婷和媽媽玩水果店遊戲，對話以短句形式自然的接續。孩子在這個過程中，可以學習到水果名稱、問候語、計數單位等。

透過角色扮演可以學習到的不同話語：

- **扮家家酒遊戲：家庭稱呼、事物名稱以及相關動詞和形容詞。**
- **市場遊戲：水果、蔬菜、魚類等食物名稱，以及計數單位、貨幣單位、分量和數量**

等相關修飾語。

- 餐廳遊戲：食物名稱、數量相關詞語、味道相關詞語等。
- 醫院遊戲：聽診器、針筒、藥品、溫度計、身體相關詞語、表達症狀的形容詞、身體動作相關的動詞等。
- 烹飪遊戲：食材名稱、工具名稱、烹飪手法的表達等。
- 警察遊戲：從案發到撥出或接到報警電話，再到警察出動的過程中，所使用的表達用詞（說出地址、說出報案原因、說出遭小偷後的結果、想辦法抓到犯人等）。
- 消防員遊戲：從發生火災、撥出或接到報案電話、到消防人員出動的過程中所使用的表達方式（說出地址、說出報案原因、說出火災原因、說出火災結果、想辦法撲滅大火等）。

◆散步

社區周圍有各式各樣的建築物和設施，和孩子散步時，可以藉由這些素材進行對話及討論。從關於商店名稱、出售商品，以及設施名稱當中，孩子可以學習許多新的單詞，也可以透過談論早上、中午和晚上的不同風景，練習表達有關狀態與變化，以及移動與動作的語句。

◆一起做家事

做家事的時候也是進行對話的好時機，大人可以說明做家事的方法，而孩子只要在一旁觀察就可以了，如果孩子也想嘗試，可以在大人協助下進行安全的體驗。

- **洗衣服：衣服的種類**（上衣、內衣、外套等），**顏色，用途**（手套、帽子、襪子等），**擁有者**（媽媽、爸爸、弟弟等與家人有關的表達），**洗衣及烘乾等與過程相關的表達**（洗衣、漂洗、曬衣服、熨燙等），**與洗衣機操作順序相關的表達、洗衣用品的詞彙**（肥皂、洗衣精、晾衣架、曬衣夾、熨斗）**等。**
- **洗碗：餐具的種類**（杯、盤、飯碗、大碗、紙等），**與狀態相關的表達**（餐具碰撞聲、光亮、滑溜等），**與洗碗流程相關的表達**（刷、塗抹洗碗精、起泡、搓、沖洗）**等。**

- **打掃：與吸塵器操作相關的表達**（插上插頭、按下按鈕、推、關閉、拔出插頭等）**，家中的區域**（客廳、主臥室、廚房、浴室等）**，狀態相關的表達**（乾淨、髒汙、凌亂）**等**

◆製作手作小物

運用各種材料製作手作小物，在書籍或網路上很容易找到製作方法，孩子可以從過程中學習到多種動詞表達以及關於材質、形態的形容詞等。

- **材料：紙、鐵、橡膠、土、木材等**
- **材質和形態：硬、軟、平坦、粗糙、光滑、圓、彎曲、銳利、尖銳、鈍等**
- **製作的方法：用剪刀剪裁、用膠帶**（膠水）**黏貼、摺紙等**

◆照片

手機裡保存了許多和孩子相處的照片，大人可以一邊看照片，一邊與孩子對話，當回憶再次鮮明的浮現，想說的話也會越來越多。對話中，孩子可以學習透過言語重新整理過去的經驗。

- **談論過去的經驗**
- **依照時間順序講述**
- **談論感受**（例如：當時的心情怎麼樣？）
- **假設性討論**（例如：如果當時那麼做的話，會變得如何呢？）

◆畫畫

可以和孩子一邊畫畫，一邊討論，也可以向孩子提出建議或問題，像是「你畫淘氣小企鵝，我畫獅子」，或「哇，你畫的這隻恐龍好大啊！牠叫什麼名字呢？」

孩子透過畫畫，能夠學習顏色及形狀的相關表達方式，大人也可以協助孩子找出畫裡的相似處或差異處。

◆摺紙

摺紙是有順序的，而且方法很多，成品效果也不同。建議透過「這是怎麼摺的？」、「下一步要怎麼做？」這類問題來引導對話，並和孩子討論成品，也可以讓孩子學習顏色和摺法的相關表達方式（向內摺、向外摺、對摺、翻過來摺等）。

◆講故事

講故事不只是唸文字，更是和孩子共同體驗一個故事的過程。建議閱讀過程中或結束後，透過提問引導對話。

- 詢問名稱：「這是什麼？」
- 預測結果：「猜猜看，小兔子接下來會怎麼樣呢？」
- 猜測原因：「小兔子為什麼和媽媽分開了？」
- 互換立場：「小兔子好可憐喔！你覺得牠的心情會怎麼樣呢？」
- 依照時間順序組織：「剛才發生了哪些事情？」
- 假設：「如果小兔子沒有分心，會變得怎麼樣呢？」、「如果是你，你會怎麼做？」

◆桌遊

「桌遊」就是「坐在桌子前玩的遊戲」，也稱「桌面遊戲」或「桌上遊戲」，和早期的「大富翁」遊戲一樣，用紙牌、棋子、籌碼進行。桌遊源於歐洲，由於玩法非常多，在臺灣也相當受歡迎。

桌遊的核心在於規則和階段性的行動，玩桌遊之前，需要閱讀、理解、說明和傾聽規則，過程中需要進行討論戰況、預測發展等各種對話，遊戲結束後，也可以延展對話。

- 解釋遊戲規則：理解句子
- 玩遊戲：遵守規則
- 遊戲過程中：說明情況、提出建議、交換資訊等
- 遊戲結束時：計算分數、陳述結果、陳述原因、假設、進行推測等

TALK PLAY 19

★讓孩子將行動轉為對話★

透過言語來改變行動的有效方法

大人控制孩子行動的方式包括命令控制、地位控制、人品控制和合理控制。各位又是如何控制孩子行動的呢？

兒童節，遊樂園裡擠滿了人，讓我們來看看其中三組家庭的對話。

- **小燦家：在遊樂設施「八爪章魚車」前**

孩子：「我們玩這個。」

爸爸：「排隊排好長啊！不行，我們去旁邊的惡魔城堡吧！」

孩子：「不要，我想玩這個。」

爸爸：「你不聽話嗎？趕快過來，去惡魔城。」

小燦的爸爸認為應該由大人來領導家庭行動。

- **小月家：在紀念品店裡**

孩子：「買那個給我。」

媽媽：「項鍊？」

孩子：「嗯，好漂亮。」

媽媽：「不行。」

孩子：「買給我！」

媽媽：「剛才已經說過不行了，小孩子不可以戴那些東西。」

小月的媽媽認為華麗的項鍊不適合小孩。

● 土豪家：在餐廳裡

孩子：「我也要喝。」

爸爸（指著啤酒杯）**：**「這個？」

孩子：「嗯，給我喝。」

爸爸：「不行。」

孩子：「一點點就好。」

爸爸：「我說過不行了，這樣別人會怎麼想？那是不好的行為。」

士豪的爸爸希望孩子能成為重視禮儀的人，他認為孩子不該做讓別人不舒服的事情。

三組對話中，值得注意的是大人不同類型的語言控制。「語言控制風格」是英國社會學家巴索．伯恩斯坦提出的理論，是指大人控制孩子行為的語言模式，分為命令控制、地位控制和人品控制。

命令控制是透過命令來控制行為。小燦的爸爸就是這樣。「不要那樣」、「你連這個都做不到嗎？」、「（拿走孩子手裡正在玩的東西）給我」、「（懲罰孩子）雙手舉好」，都是命令控制。命令控制的句子簡短直接，孩子沒有機會回應，因此對話很難接續下去。從語言發展的角度來看，這樣的句子能讓孩子學習的東西並不多。

地位控制利用的是社會地位。「小孩子不可以那樣，以後會沒出息！」、「媽媽叫你做，你就應該要做啊！」、「要聽爸爸的話才行。」透過這樣的方式，將「父母↓孩子」或是「大人↓孩子」的社會地位，作為控制行動的根據。小月的媽媽就是那樣的風格，雖然地位控制比命令控制有更多對話空間，卻還是很難延長對話。

人品控制是一種讓孩子感受到自己行為後果的方式，士豪的爸爸屬於這一類。這種控制的例子有「如果你這麼做，別人會怎麼想？」、「你做出那樣的行為，媽媽很傷心。」、

「如果亂丟垃圾，環境會變得多髒啊！」，這種方式促使孩子站在對方的角度思考，並透過言語來理解因果。

就語言發展而言，地位控制優於命令控制，人品控制優於地位控制，因為人品控制對話中所使用的詞彙和句型更多，孩子能提問的空間也相對比較大。

然而，人品控制也有其限制，它基於道德判斷，可能會灌輸孩子「我的需求是錯誤的」的想法。因此這裡添加一種控制風格，就是「合理控制」，目的是要掌握對話的方向，讓孩子了解必須控制自己的欲望或推遲滿足自己的需求。三組對話可以用合理控制重新架構，調整成以下內容。

• 小燦家：在遊樂設施「八爪章魚車」前

孩子：「我們玩這個。」

爸爸：「排隊排好長，我們先去旁邊的惡魔城堡吧！」

孩子：「不要，我想搭這個。」

爸爸：「你想搭八爪章魚車嗎？」

孩子：「嗯，我想搭。」

爸爸：「惡魔城堡可以更快參觀，八爪章魚車要花很長的時間才能搭。你比較想要哪一個？」

孩子（思考了一會兒）**：**「八爪章魚車。」

爸爸：「好，那我們去搭八爪章魚車吧！」

大人解釋情況後，提出了兩個選項讓孩子選擇。孩子可以憑藉經驗，了解到自己選擇的結果，未來也能夠透過語句來表達。

- **小月家：在紀念品店裡**

孩子：「買那個給我。」

媽媽：「妳想戴那個項鍊嗎？」

孩子：「嗯，我想戴。」

媽媽：「小月還是小朋友，可能不太適合這種項鍊呢！」

孩子：「我還是想戴。」

媽媽：「現在不要買那條項鍊，回家妳先戴媽媽的項鍊，看看適不適合，妳覺得這樣好嗎？」

孩子（想了想）：「我要戴戴看媽媽的項鍊。」

媽媽：「好喔！」

孩子雖然沒有買到項鍊，但是透過大人的建議，會感受到自己的需求被理解，對孩子來說，這是一次良好的對話及解決方案。

● 土豪家：在餐廳裡

孩子：「我也要喝。」

爸爸（指著啤酒杯）：「這個？」

孩子：「嗯，給我喝。」

爸爸：「不行。」

孩子：「喝一點點。」

爸爸：「你不能喝酒，但是可以喝果汁。」

與其對孩子說「那是不好的行為」，不如提供孩子另一種選擇。當然，孩子可能還是不滿足，會繼續耍賴、鬧脾氣，不過我們都知道，孩子的目的通常並不是「酒」，而是想要「像大人一樣」，孩子會模仿大人的語氣或舉動，這是他們成長與發展的重要歷程。

TALK PLAY 20

★向孩子展現正確溝通的對話★

孩子會透過觀察大人來學習說話

孩子會透過觀察大人之間的對話，學習「溝通的方法」，建議多示範仔細聆聽對方，以及在衝突中尋求解決方案等正向的榜樣，讓孩子從中學習。

到目前為止，談論的都是大人和孩子之間的「直接對話」。然而，孩子也會透過間接的方式學習，例如從大人講電話的內容中、大人之間的對話中，學習單詞、語法，以及溝通的方法。

不僅要學習大人掌握的知識，還要學習語句的使用，就是這種情況。

「語句的使用」是指恰當的使用已有的語言技能，在語言學中，也稱為「語用學」。如何開始對話、如何結束話題，何時提問與回答，如何要求和傳達訊息，以及如何在協議中達成共識，都是非常重要的語言使用能力。

如果說「直接對話」是孩子學習詞彙及語法的機會，那麼觀察大人的對話，就是孩子學習「溝通方法」的機會。例如：

爸爸：「有看到我的資料夾嗎？」

媽媽：「我不知道。」

爸爸：「為什麼連找都不找就說不知道啊？我沒有時間了，真是的！算了，我要出門了。」

這是爸爸和媽媽之間的一段簡短對話。一旁的孩子也許聽懂了其中的單字和句子，卻無法掌握具體情況，因為缺少爸爸為什麼要找資料夾、是什麼樣的資料夾，以及沒有資料夾會怎樣的資訊，孩子可能只了解到：「爸爸有一個需求，但沒有被接受。」

如果換成以下對話呢？

爸爸：「妳有看到我的資料夾嗎？」

媽媽：「什麼資料夾？」

爸爸：「一個黃色的塑膠資料夾，裡面裝著公司的文件，我剛才好像把它放在餐桌上，但是現在找不到。」

媽媽：「咦，我沒看到耶！但你現在不是要出門了嗎？」

爸爸：「是啊，怎麼辦？」

媽媽：「你先去上班吧，我找看看，有的話打電話給你。」

爸爸：「好，就這麼做，妳再跟我聯絡，謝謝。」

即便孩子沒有百分之百了解情況，但已經接收到資料夾的顏色、內容和位置等資訊，並理解爸爸必須趕緊去上班的狀況。最重要的是，孩子看到父母彼此分享資訊，並提出解決方案的過程。

如前所述，大人的對話會告訴孩子「溝通的方法」。因此，請多展現仔細聆聽對方的話、確認對方的意圖、傳達對方想要的訊息，以及在衝突中尋求解決方案、妥協和協議等榜樣給孩子看。孩子會透過旁聽大人之間的對話，學習對話技巧。想培養一個善於表達的孩子，不僅要認真對待孩子，也要認真對待他人。

TALK PLAY 21

★稱讚也能幫助孩子發展語言★

激發孩子表達欲的三種稱讚法

稱讚對孩子來說是很大的動力，建議利用稱讚，鼓勵孩子多做正確的事，減少錯誤的行為。

從幼兒園回到家裡的小宥，一放下包包就開口說：

孩子：「媽媽，看這個！」

媽媽：「什麼東西？」

孩子：「貼紙。」

媽媽：「是貼紙耶！」

孩子：「是老師給我的，因為我有舉手回答。」

媽媽：「小宥回答得很棒，所以收到貼紙了嗎？」

孩子：「嗯，對。」

媽媽（一邊跟小宥擊掌，一邊說）**：**「哇，表現得真好，小宥最棒了！」

這是生活中很常見的場景，孩子向大人展示自己的成就，大人打從心裡給予孩子稱讚，「擊掌」的動作和「表現得真好，小宥最棒了！」的誇獎，都是稱讚孩子的方法。

從語言發展的層面來看，稱讚能刺激孩子的表現欲，對孩子來說非常重要。

稱讚則大致分為言語、行動和獎勵三種模式。

◆用言語稱讚

孩子表現好的時候，我們會說「做得好！」、「真棒！」、「超讚！」、「一級棒！」、「厲害！」等，全面稱讚孩子的行為（做得好、厲害），或評價孩子地位（最棒、一級棒、超讚）。

言語稱讚的優點是可以立即表達，缺點是若經常給予廣泛的稱讚，效果會降低。因此稱讚要更具體一點。比起說「做得好！」，建議說「跑得真快！」、「回答得很好！」、「摺紙摺得真漂亮！」

另外，如果經常聽到稱讚，孩子也可能會產生「不能做不好」的壓力，因此比起結果，更建議稱讚過程。與其稱讚「跑得真快！」，不如說「跑得好認真！」當孩子是因為努力而得到稱讚的時候，就不會產生壓力，而且下次也會繼續努力。

試著把「最棒！」換成「令人自豪！」，把「真棒！」換成「帥氣！」、「優秀！」，培養孩子珍惜自己的價值，比起讓他們追求超越他人，更能有效提升他們的自信。受到肯定的孩子，會因為認同自己而努力，而非只為了迎合他人的評價。

因此，在用言語稱讚孩子的時候，請使用針對過程、能提高自信心的話語。

◆用動作稱讚

讚美孩子時，我們常會伴隨驚訝的表情、大笑、拍手鼓掌、擊掌或擁抱等動作，這些行為會讓孩子感受到大人真的很開心。

孩子越小，對這些肢體的反應越敏感，因此請一邊對孩子微笑，一邊鼓掌、擊掌，並抱緊孩子。稱讚的行動不僅讓接收的人感到愉悅，給予的人也會感到幸福。

◆用獎勵稱讚

大人稱讚孩子的時候，可以適度給予像貼紙、食物（糖果、果凍、飲料等）、看影片，或是小玩具等具體的獎勵，這會讓孩子確切的感受到自己的努力被肯定。

然而，長期使用這個方法，孩子可能會漸漸無動於衷，且獎勵本身可能會引起副作用，因此，建議偶爾給予孩子一點小獎勵就好。除非是必要或特殊的情況，否則盡量不使用獎勵，單純給予言語及行動鼓勵就相當足夠了。對孩子來說，大人，尤其是父母的認同，就是最好的獎勵。

TALK PLAY 22

★一邊對話，一邊仔細觀察★

和孩子對話時要留意的四件事

我們無法僅僅因為孩子遵循大人的指示，就斷定對話進行得很順利。孩子的眼神看向哪裡、是否有好好聆聽、是否理解大人所講的內容，以及是否能夠好好表達？需要透過綜合檢視，才能確定是否與孩子進行了良好的互動與對話。

與孩子對話之前，請先留意以下內容。

- 視覺專注：是否確實注視著說話的人？
- 聽覺專注：是否專心聆聽？
- 接受性語言：孩子理解大人所說的內容嗎？
- 表達性語言：孩子能好好表達自己的想法嗎？

◆視覺專注：是否注視著說話的人？

年幼的孩子好奇心強，喜歡摸這個摸那個，拿起東西來扔，有時也會放進嘴裡，出現這些行為的同時，也在用感官掌握事物的特徵，感受輕或重，硬或軟，想知道味道如何，掉落後會發出什麼樣的聲音等。其中最快與對話產生連結的感官就是「視覺」。孩子在「做」之前，會先「看」。當大人走近時，就看看大人，也會看大人手裡的東西，然後伸出手，搖搖頭或微笑。

和孩子對話之前，請先看著孩子的眼睛，確認與孩子有視線的交流，如果孩子沒有看著大人，不論說什麼話或單詞效果都不大。對話時，也請與孩子互相對視，或者和孩子看著同一個地方，對話是從眼神開始的。

倘若孩子在眼神交流和溝通表達方面有一點困難，建議帶孩子接受視力檢查和發展評估檢測。

◆聽覺專注：是否專心聆聽？

對話由「聲音」組成，說話的聲音是「音波」，聽覺器官將音波傳送到大腦，大腦將其解讀為「語言」。如果孩子會把頭轉向有聲音的地方，並集中注意力，就代表孩子已經準備好可以對話了。

如果孩子對聲音沒有反應，建議到耳鼻喉科接受聽力檢查。

◆接受性語言：孩子理解大人所說的內容嗎？

大人也需要留意孩子是否真正理解自己所說的話。有時候，大人可能會因為孩子有所行動，而誤以為孩子聽懂了。但事實上，即使孩子沒有完全理解大人的指令，他們仍可能根據情境、視線、表情、語氣或肢體動作等非語言要素，做出大人要求的行為。

如果你發現孩子在家裡明明都能理解大人的話語，但跟同齡孩子相比時，說話卻較為緩慢，請試著確認以下幾個重點。

情境脈絡

小燦在客廳玩耍，媽媽跟他說「吃飯囉」，於是他停下手邊的動作來到餐桌，因此媽媽認為小燦理解「吃飯囉」的意思。

其實，即使小燦不理解，他仍可能走向餐桌，因為此時媽媽已經坐在餐桌並看著他，而他和媽媽一向都是這樣一起吃飯的。正因為有這樣的日常模式，即使不理解「吃飯囉」這句話，小燦依然能知道該去餐桌了。

視線

爸爸問小月「淘氣小企鵝的書在哪裡？」小月立刻拿起面前的書走過來，爸爸認為小月聽懂了，但就算不知道「淘氣小企鵝的書」，小月也可以照爸爸的指令執行，因為爸爸的眼睛已經看向了淘氣小企鵝的書。

臉部表情和語氣

聽到爸爸說「小智，把那個放下來，很危險！」，小智就放下了原本手上把玩著的刀子，爸爸因此認為孩子理解「很危險」這句話。然而，即使不理解，孩子也可能會放下刀子，因為爸爸嚴肅的表情和語氣已經告訴孩子這個訊息了。

肢體動作

奶奶看著芝安說：「芝安，要不要和奶奶一起去市場啊？」芝安便拉著奶奶的手走出大門。因為奶奶穿著外出服，在門口一邊穿鞋，一邊向芝安伸出手。芝安從經驗上判斷，奶奶只要穿著鞋子並向她伸手，就是要帶她出門。

因此，若想確認孩子是否真正理解大人所說的話，就需要排除以上四種非語言要素，僅透過語言來判斷，可以試著使用以下幾種方法來觀察。

- **與孩子面對面坐著，看著孩子的眼睛。說話時不要向餐桌移動身體，也不要看向餐桌，然後說「小燦，吃飯吧！」**
- **背對著孩子坐著，然後對孩子說「小月，可以給爸爸梳子嗎？」孩子不知道爸爸的視線投向哪裡，必須要理解「梳子」這個詞，才能理解爸爸的請求。**
- **視線暫時盯著電視螢幕，然後說：「芝安，要和奶奶一起去市場嗎？」孩子必須理解奶奶這句話的意思，才會起身準備出門。**

反之，如果孩子露出困惑的表情，或是直勾勾的看著大人，則可能代表他尚未完全理解大人所說的話。

◆表達性語言：孩子能好好表達自己的想法嗎？

十二個月左右的孩子會開始說單詞，到了兩歲左右，孩子的詞組（單詞＋單詞）表達逐漸變得活躍，並開始說出句子。三歲左右，孩子的詞彙量會爆發式增長，句子也會變得更多樣化。語言發展雖然存在個體差異，但如果孩子擁有上述的程度，代表語言表達沒有問題。

前述情形與沉默寡言或不愛說話是有區別的，三歲後也沒有說出單詞、詞組或是短句，四歲後仍然無法組織句子，則建議接受發展評估檢測。

這和沉默寡言或不愛說話是不同的情況，即使孩子平時的話不多，但如果被提問或自言自語時，能夠使用單詞、詞組到完整句子的表達方式，那麼就可以判斷孩子的語言發展沒有問題。

在三個家庭的對話中，值得注意的是大人們所採用的不同語言控制類型。英國社會學家巴茲爾・伯恩斯坦（Basil Bernstein）提出的語言控制理論指出，成人用以控制孩子行為的語言方式主要分為三種：命令控制（imperative control）、地位控制（status control）

與人品控制（personality control）。其中，命令控制通常以簡短、直接的命令語句表達，例如「不要那樣」、「給我」，這類語句限制了孩子的回應空間，對語言發展的刺激有限（Bernstein, 1971）。這種控制方式強調權威與服從，難以促進雙向溝通，對於孩子語言能力的成長並不理想。

如果孩子說話時會皺起眉頭、含糊不清或是難以發出聲音，則可能不是語言「表達」的問題，而是發聲的問題，建議到耳鼻喉科接受發聲器官檢查。

孩子也可能會有口吃狀況，尤其是在語言開始爆發性增長的三至五歲時期，這種情況很常見，但多數是暫時的現象，隨著時間推移會自然消失。請不要因為孩子口吃而責罵他，也不要要求孩子「再說一遍，不要結結巴巴」，這樣可能會導致孩子講話時一直意識到自己的狀況，反而使口吃「固著化」，如果口吃持續超過三至六個月，建議一定要諮詢專業人士。

【審訂補充】口吃多半發生在大腦想得比嘴巴快的情況，當孩子表達經驗多了或邏輯變好了，便會自然消失，過度提醒會讓孩子更緊張，更難流暢的表達自己的想法和需求。

family field 親子田 親子田系列 065

這樣對話，提升孩子10倍詞彙量

어휘력 10배 올리는 하루 10분 대화놀이

作　　者	金知昊
譯　　者	林盈楹
責任編輯	陳鳳如
封面設計	張天薪
內頁設計	連紫吟・曹任華
童書行銷	鄒立婕・張敏莉・張文珍

出版發行	采實文化事業股份有限公司
執行副總	張純鐘
業務發行	張世明・林踏欣・林坤蓉・王貞玉
國際版權	劉靜茹
印務採購	曾玉霞
會計行政	許俽瑀・李韶婉・張婕莛
法律顧問	第一國際法律事務所　余淑杏律師
電子信箱	acme@acmebook.com.tw
采實官網	www.acmebook.com.tw
采實臉書	www.facebook.com/acmebook01
采實童書粉絲團	https://www.facebook.com/acmestory/

國家圖書館出版品預行編目資料

這樣對話,提升孩子10倍詞彙量/金知昊作；林盈楹譯. -- 初版. -- 臺北市：采實文化事業股份有限公司, 2025.08
272面；　14.8×21公分. -- (親子田；65)
譯自：어휘력 10배 올리는 하루 10분 대화놀이
ISBN 978-626-431-064-2(平裝)

1.CST: 親職教育 2.CST: 幼兒教育 3.CST: 語言學習

528.2　　114008043

I S B N	978-626-431-064-2
定　　價	360元
初版一刷	2025年8月
劃撥帳號	50148859
劃撥戶名	采實文化事業股份有限公司
	104台北市中山區南京東路二段95號9樓
	電話：(02)2511-9798
	傳真：(02)2571-3298

線上讀者回函

立即掃描 QR Code 或輸入下方網址，連結采實文化線上讀者回函，未來會不定期寄送書訊、活動消息，並有機會免費參加抽獎活動。

https://bit.ly/37oKZEa

采實出版集團 ACME PUBLISHING GROUP